# Tutorización de acciones formativas para el empleo

Vanesa Olivas Collado

ic editorial

**Tutorización de acciones formativas para el empleo**


1ª Edición



Editado por: IC Editorial
c/ Cueva de Viera, 2, Local 3
Centro Negocios CADI
29200 Antequera (Málaga)
Teléfono: 952 70 60 04
Fax: 952 84 55 03
Correo electrónico: iceditorial@iceditorial.com
Internet: www.iceditorial.com



ISBN: 978-84-1184-358-4
Depósito Legal: MA 2165-2024

Impresión: PODiPrint
Impreso en Andalucía - España

Nota de la editorial: IC Editorial pertenece a Innovación y Cualificación S. L.

## Presentación del manual

El **Certificado de Profesionalidad** es el instrumento de acreditación, en el ámbito de la Administración laboral, de las cualificaciones profesionales del Catálogo Nacional de Cualificaciones Profesionales adquiridas a través de procesos formativos o del proceso de reconocimiento de la experiencia laboral y de vías no formales de formación.

El elemento mínimo acreditable es la **Unidad de Competencia.** La suma de las acreditaciones de las unidades de competencia conforma la acreditación de la competencia general.

Una **Unidad de Competencia** se define como una agrupación de tareas productivas específica que realiza el profesional. Las diferentes unidades de competencia de un certificado de profesionalidad conforman la **Competencia General,** definiendo el conjunto de conocimientos y capacidades que permiten el ejercicio de una actividad profesional determinada.

Cada **Unidad de Competencia** lleva asociado un **Módulo Formativo,** donde se describe la formación necesaria para adquirir esa **Unidad de Competencia,** pudiendo dividirse en **Unidades Formativas.**

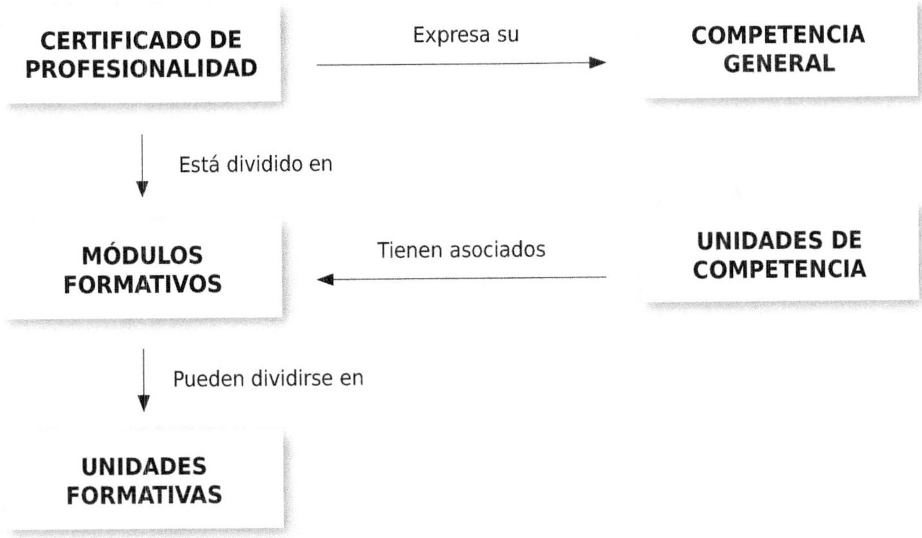

El presente manual desarrolla la Unidad Formativa **UF1646: Tutorización de acciones formativas para el empleo,**

perteneciente al Módulo Formativo **MF1444_3: Impartición y tutorización de acciones formativas para el empleo,**

asociado a la unidad de competencia **UC1444_3: Impartir acciones formativas para el empleo,**

del Certificado de Profesionalidad **Habilitación para la docencia en grados A, B y C del sistema de formación profesional.**

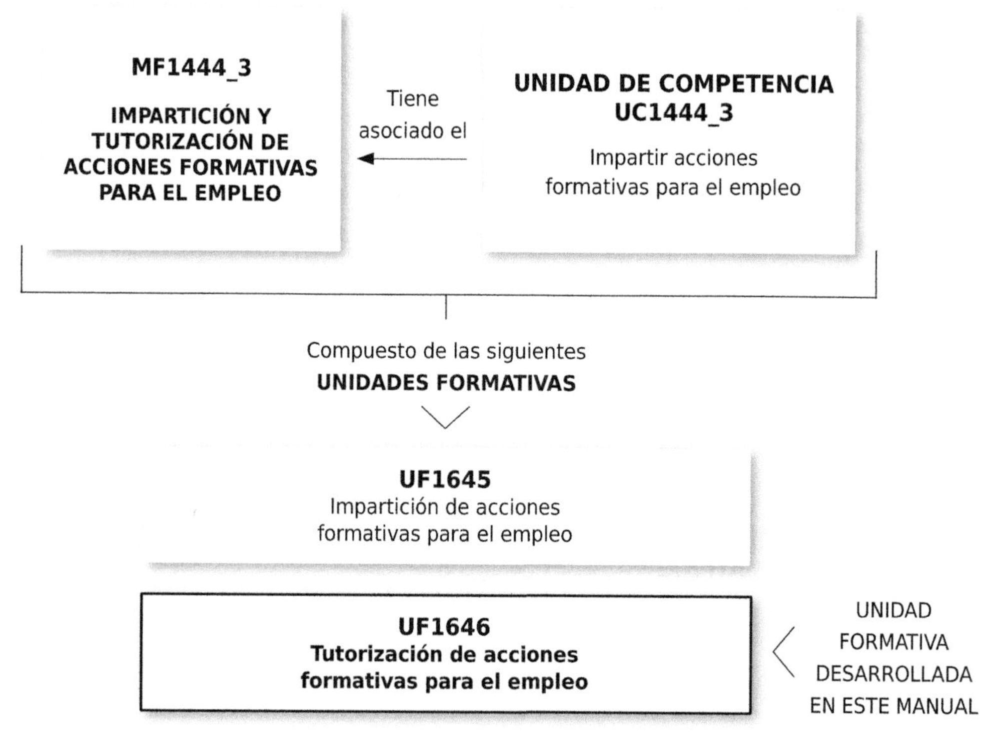

## FICHA DE CERTIFICADO DE PROFESIONALIDAD

### (SSCE0110) HABILITACIÓN PARA LA DOCENCIA EN GRADOS A, B Y C DEL SISTEMA DE FORMACIÓN PROFESIONAL

(R. D. 1697/2011, de 18 de noviembre, modificado por el R. D. 625/2013, de 2 de agosto)

**COMPETENCIA GENERAL:** Programar, impartir, tutorizar y evaluar acciones formativas del subsistema de formación profesional para el empleo, elaborando y utilizando materiales, medios y recursos didácticos, orientando sobre los itinerarios formativos y salidas profesionales que ofrece el mercado laboral en su especialidad, promoviendo de forma permanente la calidad de la formación y la actualización didáctica.

| Cualificación profesional de referencia | Unidades de competencia | | Ocupaciones o puestos de trabajo relacionados |
|---|---|---|---|
| SSC448_3 DOCENCIA DE LA FORMACIÓN PARA EL EMPLEO<br><br>(R. D. 545/2023, de 27 de junio de 2023) | UC1442_3 | Programar acciones formativas para el empleo | · 2329.1010 Formadores de formación no reglada<br>· 2329.1029 Formadores de formación ocupacional no reglada<br>· 2329.1029 Formadores ocupacionales<br>· 2329.1029 Formadores para el empleo<br>· 2321.1034 Formador de formadores<br>· Docentes teleformadores<br>· Docentes de formación profesional para el empleo |
| | UC1443_3 | Gestionar los materiales, medios y recursos didácticos para el desarrollo de contenidos formativos | |
| | UC1444_3 | Impartir acciones formativas para el empleo | |
| | UC1445_3 | Evaluar el proceso de enseñanza-aprendizaje en las acciones formativas para el empleo | |
| | UC1446_3 | Facilitar información y orientación laboral | |
| | UC2689_3 | Tutorizar acciones formativas para el empleo | |

| Correspondencia con el Catálogo Modular de Formación Profesional | | |
|---|---|---|
| **Módulos certificado** | **Unidades formativas** | **Horas** |
| MF1442_3: Programación didáctica de acciones formativas para el empleo | | 60 |
| MF1443_3: Selección, elaboración, adaptación y utilización de materiales, medios y recursos didácticos en formación profesional para el empleo | | 90 |
| **MF1444_3: Impartición y tutorización de acciones formativas para el empleo** | UF1645: Impartición de acciones formativas para el empleo | 70 |
| | UF1646: Tutorización de acciones formativas para el empleo | 30 |
| MF1445_3: Evaluación del proceso de enseñanza-aprendizaje en formación profesional para el empleo | | 60 |
| MF1446_3: Orientación laboral y promoción de la calidad en la formación profesional para el empleo | | 30 |
| MP0353: Módulo de prácticas profesionales no laborales de Docencia en la formación para el empleo | | 40 |

# Índice

# OBJETIVOS GENERALES

El objetivo general del **Módulo formativo MF1444_2: Impartición y tutorización de acciones formativas para el empleo,** en el que queda integrada la **UF1646: Tutorización de acciones formativas para el empleo,** es:

- Impartir acciones formativas para el empleo.

Los objetivos generales de la Unidad Formativa **UF1646: Tutorización de acciones formativas para el empleo,** son:

- Establecer condiciones que favorezcan el desarrollo del proceso de aprendizaje para la impartición de acciones formativas.
- Impartir contenidos formativos del programa, utilizando técnicas, estrategias didácticas, recursos y materiales didácticos acordes al tipo de acción formativa con el fin de facilitar la adquisición de las competencias profesionales.
- Proponer, dinamizar y supervisar las actividades de aprendizaje utilizando metodologías activas para fomentar el desarrollo de competencias profesionales y sociales.

Unidad de Aprendizaje 1

# Características de las acciones tutoriales en formación profesional para el empleo

## Contenido

1. Introducción
2. Modalidad de formación: presencial, a distancia (virtual) y mixta (semipresencial)
3. Plan tutorial: estrategias y estilos de tutoría y orientación
4. Estrategias de aprendizaje autónomo. Estilos de aprendizaje
5. La comunicación *online*
6. La figura del tutor presencial y el tutor en línea
7. Resumen

## Objetivos

El objetivo específico de esta Unidad de Aprendizaje es:

→ Proporcionar habilidades y estrategias personalizadas de mejora al alumnado para favorecer su aprendizaje, en formación presencial y en línea, supervisando su desarrollo.

# 1. Introducción

La **Formación Profesional** conforma un sistema complejo de herramientas y acciones cuyo objetivo es la **cualificación y el desarrollo de las personas** para que estas puedan responder a sus necesidades y a las del contexto donde se encuentran, contribuyendo con ello al desarrollo y a la expansión de la economía y su participación activa en la vida social y cultural.

En esta unidad de aprendizaje se tratará el **funcionamiento y el desarrollo** de la Formación Profesional en la actualidad, así como su complejidad y su importancia, valorando en todo momento **la función del formador** como tutor y orientador.

Para ello, nos basaremos en el caso de la empresa de formación Paideia, que está impartiendo el certificado profesional HOTG0108. Creación y gestión de viajes combinados y eventos y, durante el proceso, Julia y Roberto tienen que llevar a cabo la tutorización de la acción formativa, tanto en modalidad presencial como en línea.

# 2. Modalidad de formación: presencial, a distancia (virtual) y mixta (semipresencial)

Las modalidades de formación han evolucionado a lo largo del tiempo, tanto en su definición como en la aparición de diferentes modalidades. Por ello, es necesario comenzar explicando **qué se entiende por formación** y qué son las modalidades de formación.

| Formación | Modalidad de formación |
| --- | --- |
| - **Adquisición** por parte del alumnado de unos determinados **conocimientos, habilidades y competencias,** en el contexto donde se ubique, para obtener como finalidad el progreso académico, la inserción laboral y su promoción, así como el reciclaje de los conocimientos de una persona que se encuentra activa laboralmente. | - Mecanismo o medio empleado para la **consecución de la formación.** Existen tres **modalidades: presencial, semipresencial y virtual** (Real Decreto 659/2023, de 18 de julio, capítulo IV, Modalidades de la oferta de formación profesional). |

Desde que se puso en marcha, la **Formación Profesional para el Empleo** ha introducido muchos cambios a nivel conceptual y práctico en la Formación Profesional.

Para entenderlos mejor, es importante que se conozcan algunos detalles de este proyecto:

- **Finalidad:** pretende que cada individuo busque su propia cualificación de forma autónoma y que con la ayuda de una adecuada orientación pueda garantizar su buena incorporación a la vida activa, aportando sus conocimientos.
- **Características:** se caracteriza por su flexibilidad, asequibilidad y amplitud, haciendo posible el desarrollo de una Formación Profesional mucho más amplia, que cubre necesidades anteriormente no cubiertas, y que introduce en la formación reglada ciertas modalidades de impartición, que antes ni siquiera se contemplaban.
- **Certificación:** teniendo en cuenta el Real Decreto 659/2023, de 18 de julio, por el que se desarrolla la ordenación del Sistema de Formación Profesional, establece que, podrán ofertar certificados profesionales todos los centros del Sistema de Formación Profesional que cumplan los requisitos previstos para cada especialidad, así como, la expedición de los certificados profesionales corresponderá a las administraciones competentes, según lo estipulado en el artículo 81 de dicha ley. Igualmente, la Ley Orgánica 3/2022, de 31 de marzo, de ordenación e integración de la Formación Profesional, indica que para la superación del Grado C de formación profesional (Certificados Profesionales), esta solicitud podrá emitirse por parte de aquellos interesados que posean los Certificados de Competencia de Grado B, que incluyan los módulos profesionales recogidos en la formación del Certificado que sea de su interés. Por último, también será posible la acreditación de determinadas competencias profesionales adquiridas por experiencia laboral, o vías no formales e informales de formación.

## IMPORTANTE

Según el Real Decreto 659/2023, de 18 de julio, por el que se desarrolla la ordenación del Sistema de Formación Profesional, se ha diseñado un sistema ágil y eficaz, que permitirá a las administraciones facilitar, por una parte, la cualificación y recualificación permanente de las personas, a lo largo de todo su periodo vital y laboral, y, por otra, el ajuste entre la oferta formativa y la

*Continúa en página siguiente >>*

*<< Viene de página anterior*

demanda de trabajo, uno de los desafíos como país. La Ley Orgánica 3/2022, de 31 de marzo determina que, el Sistema de Formación Profesional pretende dar un salto cualitativo para paliar cuestiones como el desempleo estructural, el abandono escolar temprano, las brechas de género, el desajuste entre oferta y demanda de profesionales, etc.

El actual sistema incorpora e integra en la formación las transformaciones fruto de la digitalización, la transición ecológica y la sostenibilidad en todos los sectores económicos, como vectores clave de la economía, el empleo y el bienestar social.

Para facilitar su consecución, la programación de la oferta formativa promueve un equilibrio entre modalidades, evadiendo que dicha oferta sea ejecutada en una única modalidad, presencial o virtual.

## 2.1. Elección de la modalidad formativa

### HILO CONDUCTOR

La empresa de formación Paideia está impartiendo el certificado profesional HOTG0108. Creación y gestión de viajes combinados y eventos.

Laura es alumna de este curso. Es una persona muy bien preparada, que tiene todas las capacidades y habilidades necesarias para su trabajo en concreto, así como para el manejo de las nuevas tecnologías. Tienen un horario a jornada completa de lunes a viernes, terminando a las 20 horas, y jornada intensiva de 7 a 15 horas los sábados.

Nunca antes había participado en un acción formativa en esta modalidad, su formación siempre había sido presencial. ¿Será capaz de llevar a cabo con éxito la acción formativa?

La elección de una modalidad formativa u otra vendrá **determinada por diversos factores,** como son los costes de la formación, desplazamientos, preferencias del alumnado, habilidades informáticas, horarios o contenido a tratar.

### APLICACIÓN PRÁCTICA

**Teniendo en cuenta los factores que se han visto, ¿cuál sería la modalidad más adecuada para el caso de Laura?**

| Modalidad presencial | Modalidad virtual | Modalidad semipresencial |
|---|---|---|
|  |  |  |

**Solución**

En el caso de Laura, la modalidad más adecuada es la formación semipresencial, ya que domina bien las nuevas tecnologías y dispone de poco tiempo, por lo que la parte más teórica se puede impartir a distancia, y se pueden programar algunas sesiones presenciales en las que se lleve a la práctica lo aprendido.

A continuación, se analizarán cuáles son las **características específicas** de cada una de las modalidades.

### RECUERDA

No hay una modalidad mejor que otra, simplemente más adecuada a las necesidades y características de las personas implicadas, el contenido del curso y las circunstancias.

## 2.2. Modalidad presencial

La Formación Profesional en modalidad presencial se caracteriza por ser una **formación tradicional,** y que aún persiste.

Pero aunque siga utilizándose igual que hace tiempo, los recursos y medios de los que se dispone han evolucionado, llegando a incorporar el uso **de las nuevas tecnologías en el aula.**

*Clase presencial, utilizando ordenadores portátiles*

A continuación, se citan las principales **ventajas** e **inconvenientes** de la modalidad presencial:

**Ventajas**

- El **carácter síncrono** de esta modalidad formativa hace posible que el **ritmo de aprendizaje** del alumnado sea **mayor,** pues la interactividad colectiva favorece el desarrollo de un clima cálido en el aula.
- A su vez, dicha **interacción en el aula** es **fomentada por el profesorado** con la utilización de diferentes recursos y medios (tecnológicos, audiovisuales, etc.) que hacen que la información sea captada de forma más rápida y se produzca con ello un aprendizaje significativo.
- Por último, destaca la importancia de la **disciplina, el compromiso y la responsabilidad del estudiante** por realizar una formación continua cuyo fruto se reconocerá con su incorporación a la vida laboral.

*Continúa en página siguiente >>*

<< *Viene de página anterior*

**Inconvenientes**

- Pero en la formación presencial existen tres principales inconvenientes y de gran peso. El principal inconveniente es que **el docente es quien realiza la labor educativa** y, por tanto, quien determina qué es lo que se aprende en cada momento, cómo se aprende y por qué se aprende. Es decir, los tres paradigmas básicos de la educación según César Coll (1987).
- Otro factor importante es el **horario** y la **geografía.** No todos los participantes que quieran realizar la modalidad presencial de la Formación Profesional se encuentran ubicados en una localidad cercana al centro de impartición, así como el horario no es compatible con personas ocupadas, las cuales en su gran mayoría optan por una formación a distancia.
- Por último, el **coste de la formación presencial** es **muy elevado,** aunque sea en gran parte financiado con los fondos procedentes de la cuota de Formación Profesional que aportan las empresas y los trabajadores, las ayudas aportadas por el Fondo Social Europeo y las del Servicio Público de Empleo Estatal.

## ACTIVIDAD COMPLEMENTARIA

1. Investiga sobre las áreas de Formación Profesional que se imparten de forma presencial en España. ¿Cuál es el porcentaje del alumnado que tras la finalización de sus estudios se incorporan a la vida laboral? ¿Crees que la modalidad de formación elegida tiene relación con su incorporación al mercado laboral?

Por último, respecto a sus aspectos más técnicos, el Real Decreto 659/2023, de 18 de julio, por el que se desarrolla la Ley Orgánica 3/2022, de 31 de marzo, de ordenación e integración de la Formación Profesional, es quién a su vez recoge en su artículo 25 las condiciones y requisitos básicos para el desarrollo de las modalidades presencial, semipresencial y virtual de la formación profesional, determinando que se debe dar prioridad a sectores en crecimiento o que estén generando empleo, así como, que la impartición de formación profesional en centros privados, o que por su naturaleza y titularidad así lo determine la normativa vigente, en la modalidad presencial está sujeta a autorización administrativa previa por parte de la Administración competente, que deberá garantizar su seguimiento, control y supervisión.

En otras palabras, a través de esta norma se pide a las instituciones una formación por competencias, un aprendizaje, y un seguimiento y evaluación de este, de calidad.

Para ello, se estipula que la formación presencial cuente con un máximo de 30 participantes por aula, mientras que en la vinculada a los certificados de profesionalidad se expone que no debe exceder de 25 estudiantes.

**IMPORTANTE**

El Real Decreto 659/2023, de 18 de julio, por el que se desarrolla la Ley Orgánica 3/2022, de 31 de marzo, de ordenación e integración de la Formación Profesional, desarrolla que el actual sistema incorpora e integra en la formación las transformaciones fruto de la digitalización, la transición ecológica y la sostenibilidad en todos los sectores económicos, como vectores clave de la economía, el empleo y el bienestar social. Dota, además, de mayor relevancia a las competencias para la empleabilidad, de carácter transversal, que, junto a las competencias profesionales, configuran a un profesional de calidad, marcando su valor añadido, siendo estas el conjunto de destrezas, conocimientos y capacidades adquiridas a lo largo de la formación.

## 2.3. Modalidad semipresencial

En la Formación Profesional en la educación, la modalidad semipresencial, suele combinar tanto la instrucción presencial como la instrucción virtual. Esto significa que parte del curso se lleva a cabo en un entorno físico, como un aula, taller o laboratorio, donde los estudiantes interactúan directamente con el instructor y tienen acceso a recursos y equipos específicos. Mientras tanto, otra parte del curso se realiza de manera *online,* a menudo a través de plataformas en línea o materiales de estudio enviados a los estudiantes (este último método está despareciendo en la actualidad, dado el uso de las nuevas tecnologías).

Ahora bien, no todo en la modalidad semipresencial son ventajas para el usuario, sino que existen algunos inconvenientes. Por este motivo, se analizarán ambos más detenidamente:

| Ventajas | Inconvenientes |
|---|---|
| - Clases presenciales programadas en determinados días y horarios para ciertas actividades prácticas, tutorías, evaluaciones, etc.<br>- Materiales de estudio disponibles en línea para que los estudiantes accedan en su propio tiempo y ritmo.<br>- Comunicación regular con los instructores, ya sea en persona durante las clases presenciales o a través de medios como correo electrónico, foros en línea, o videoconferencias.<br>- Evaluaciones tanto presenciales como *online* para medir el progreso del estudiante.<br>- Flexibilidad en cuanto a la ubicación y el horario para algunos aspectos del aprendizaje, lo que puede ser beneficioso para aquellos que tienen compromisos laborales u otras responsabilidades. | - Falta de interacción directa que puede apelar a la desconexión del proceso educativo.<br>- Déficit en la gestión del tiempo por parte de los estudiantes que poseen compromisos laborales, familiares u otras responsabilidades.<br>- Necesidad de desarrollo de una autodisciplina y motivación por parte del alumno.<br>- Limitaciones tecnológicas que imposibilitan el acceso a los materiales de estudio.<br>- Dificultades en la adaptación de la modalidad tanto virtual como presencial.<br>- Aparición de problemáticas en la evaluación, especialmente en lo que respecta a la integridad académica y la equidad en la evaluación. |

Es necesario tener en cuenta que la formación profesional en modalidades semipresencial y virtual, estarán organizadas de tal forma que permitan a la persona en formación tener un proceso de aprendizaje sistematizado con arreglo a una metodología apropiada a la modalidad de impartición, que deberá cumplir los requisitos de accesibilidad del diseño universal para el aprendizaje y de seguimiento del proceso individual de aprendizaje, así como la atención tutorial.

En la modalidad semipresencial la evaluación deberá combinar adecuadamente los instrumentos y procesos de evaluación realizados en la parte presencial, con los instrumentos y procesos propios de la parte no presencial garantizando así, que la evaluación de los módulos formativos será realizada por el profesorado, formadores y formadoras y personas expertas, mediante un seguimiento del proceso de aprendizaje y una prueba de evaluación final de carácter presencial. El seguimiento del proceso de aprendizaje incluirá el análisis de las actividades y los trabajos presentados en la parte no presencial y desarrollada en la plataforma virtual y realizada a lo largo de la acción formativa, así como la participación en las herramientas de comunicación que se establezcan.

**IMPORTANTE**

La modalidad semipresencial en la Formación Profesional combina aspectos de la educación presencial y virtual, en continua actualización, proporcionando una experiencia educativa flexible y adaptable que se ajusta a las necesidades individuales de los estudiantes mientras mantiene la interacción directa con instructores y compañeros de clase.

A su vez, es relevante señalar que todos los grados de formación impartidos, tal y como establece la ley, requieren de tres novedades principales:

1. Las formaciones pueden ser realizadas por un corto periodo, según el tipo de curso elegido y su nivel de dificultad.
2. El alumnado posee la oportunidad de matricularse en cualquier periodo de tiempo a lo largo del año.
3. Las personas con necesidades específicas de apoyo educativo, recibirán la ayuda pertinente para poder alcanzar los logros el aprendizaje, así como, los contenidos serán totalmente adaptados a sus necesidades.

**NOTA**

La modalidad semipresencial y la virtual, poseen numerosas similitudes y peculiaridades comunes, las cuales, una vez explicadas las principales características de la modalidad virtual se identificarán.

## 2.4. Modalidad virtual

La modalidad de formación virtual, también conocida como educación en línea o *e-learning*, es un enfoque educativo que se realiza principalmente a través de plataformas digitales y recursos en línea. En este tipo de formación, el alumnado puede acceder a los materiales del curso, participar en actividades de aprendizaje, interactuar con instructores y compañeros de clase, y completar evaluaciones utilizando tecnología de la información y la comunicación (TIC).

Con el establecimiento del R. D. 659/2023, de 18 de julio, por el que se desarrolla la ordenación del Sistema de Formación Profesional, la formación virtual, más conocida como teleformación, ha pasado a ser denominada formación virtual, siendo una de las principales modalidades empleadas por los alumnos, ya que, posibilita atender las necesidades de cada persona en el momento en que surjan.

## IMPORTANTE

A pesar de ser la más demandada en la actualidad, también posee algunas limitaciones con respecto a los calendarios a seguir por cada centro de impartición, además de los límites establecidos con respecto al tema económico y de actuación en el tiempo, los cuales son previamente establecidos por cada Administración competente.

La formación virtual dentro de sus muchas particularidades, destaca por:

- **Actualización y uso de TIC:** actualización de contenidos constante y utilización de las TIC, y desarrollo de las capacidades y habilidades necesarias para su uso.
- **Ambiente:** buen ambiente y clima de formación entre el alumnado.
- **Flexibilidad:** formación flexible, adaptada a las necesidades del alumnado. La matrícula bajo modalidad virtual permanecerá abierta, ajustándose así a la demanda de las personas en formación en aquel momento en que pueda producirse.
- **Asistencia personal:** asistencia a la ejecución de clases y tutorías virtuales por parte del profesorado.
- **Oferta formativa:** mayor oferta formativa para empresas que requieren un continuo movimiento de los puestos de trabajo.
- **Movilidad:** al ser una modalidad *online*, la necesidad de movilidad geográfica no es necesaria.
- **Comunicación:** foros y debates de discusión.
- **Evaluación periódica:** cuya finalidad consiste en garantizar su calidad y proceso de adaptación adaptarlas a los avances tecnológicos que pudieran incidir en esta modalidad.
- **Ratios:** en los centros en los que se impartan los Grados A, B y C en modalidad virtual, la ratio será de 35 alumnos/profesor, pudiendo ser adaptado según las particularidades y consideraciones de cada administración competente.

**NOTA**

El Ministerio de Educación y Formación Profesional, en consonancia con la modalidad virtual, es el encargado de llevar a cabo las siguientes actuaciones:

- Estimular el progreso junto con el resto de administraciones al desarrollo y consecución de una modalidad de formación profesional virtual, elaborando y actualizando de forma constante los materiales y recursos de dicha oferta formativa.
- Publicar información dirigida a todos los públicos con respecto a las ofertas formativas que se vayan a ejecutar.
- Gestionar los grados profesionales C, D y E con carácter modular, mediante la actuación del Centro de Innovación y Desarrollo de la Educación a Distancia (CIDEAD), el cual se encargará de impartir una formación modular complementaria para aquellas personas que superen la acreditación de competencias profesionales por medio de su desarrollo y experiencia laboral.

## Características comunes de la modalidad semipresencial y virtual

Una vez explicadas las principales funciones y finalidades tanto de la modalidad semipresencial como virtual de la Formación Profesional, según lo establecido en el R.D. 659/2023, es momento de llevar a cabo una reflexión sobre las numerosas características comunes que presentan ambas modalidades formativas, destacando:

- **Empleo de la tecnología:** tanto en la modalidad semipresencial como en la virtual, se hace uso intensivo de la tecnología para la entrega de contenido educativo, la comunicación entre estudiantes y profesores, la realización de actividades de aprendizaje y la evaluación del progreso del estudiante.
- **Acceso en línea:** en ambas modalidades, el alumnado tiene acceso a materiales del curso, recursos educativos y herramientas de aprendizaje a través de plataformas en línea. Estos recursos pueden incluir videos, lecturas, actividades interactivas, foros de discusión, entre otros.
- **Flexibilidad de horario y ubicación:** tanto en la modalidad semipresencial como en la virtual, el alumnado tiene la capacidad de acceder al contenido del curso y participar en actividades de aprendizaje en momentos y lugares que les resulten convenientes, siempre y cuando tengan acceso a una conexión a internet.

- **Interacción digital:** aunque la interacción en la modalidad semipresencial puede incluir encuentros presenciales, en ambas modalidades el alumnado interactúa digitalmente con instructores y compañeros de clase a través de herramientas como correo electrónico, videoconferencias, chats en línea y foros de discusión.
- **Evaluación en línea:** en las dos tipologías formativas, el alumnado suele completar evaluaciones y exámenes en línea utilizando herramientas integradas en la plataforma de aprendizaje, como pruebas de opción múltiple, tareas escritas y proyectos prácticos.
- **Apoyo y seguimiento:** los estudiantes suelen recibir apoyo técnico y académico por parte de la institución educativa, incluyendo tutoría en línea, asistencia técnica, orientación académica y retroalimentación sobre su progreso.

A su vez, tal y como se establece en artículo 25 del R. D. 659/2023, sobre las condiciones y requisitos básicos para el desarrollo de las modalidades semipresencial y virtual de la formación profesional, en el punto 3, se establece:

> 3. *Para la autorización de ofertas formativas en las modalidades semipresencial y virtual en centros del Sistema de Formación Profesional deberán cumplirse los siguientes requisitos básicos:*
>
>    a. *Contar con la autorización previa para la impartición de las mismas ofertas en modalidad presencial, y estar desarrollando dicha impartición. Excepcionalmente, en el caso de contar con la autorización para la oferta presencial pero no disponer de la misma simultáneamente, se deberá garantizar fehacientemente que continua disponiendo de los requisitos de espacios y recursos prescriptivos o, en su caso, formalizar un convenio o acuerdo público en cualquier forma jurídica ajustada a Derecho, con un centro de formación profesional que, impartiendo las referidas ofertas en modalidad presencial, garantice la presencialidad en los casos necesarios y, como mínimo, para las pruebas finales de cada módulo formativo y los momentos que cada Administración establezca. Quedan exceptuados de este requisito los centros del Sistema de Formación Profesional pertenecientes a las administraciones, cuyo carácter sea el de centro especializado en innovación en metodologías no presenciales.*
>
>    b. *Disponer de los requisitos establecidos en el apartado 3 del artículo 202.*
>
> *Disponer de una plataforma de aprendizaje en línea con capacidad suficiente para gestionar y garantizar la formación, permitiendo la interactividad y el trabajo cooperativo, así como la disponibilidad de un servicio técnico de mantenimiento.*
>
> *La plataforma de aprendizaje deberá poseer los siguientes requisitos:*
>
> 1. *Herramientas de gestión de contenidos, de comunicación y colaboración, de seguimiento y evaluación, complementarias, así como integración de herramientas de Administración y gestión para los procesos de inscripción y registro.*

2. *Garantía de los niveles de fiabilidad, seguridad, accesibilidad e interactividad señalado en las normas UNE que les puedan ser de aplicación y otras específicas del sector, de acuerdo con las especificaciones técnicas que se establezcan reglamentariamente.*
3. *Dispositivos de acceso simultáneo para todos los posibles usuarios, garantizando un ancho de banda de la plataforma que se mantenga uniforme en todas las etapas del curso.*

## TAREA 1

La empresa de hostelería Bahía Club S. L. requiere y demanda formación a una empresa para que desarrolle determinadas acciones formativas de reciclaje propias del sector hostelero para sus trabajadores. Los trabajadores necesitan urgentemente dicha formación, pero debido a la carga de trabajo que tienen, no pueden abandonar su ocupación laboral.

¿Qué tipo de modalidad formativa se ajusta más a las necesidades de dichos trabajadores?

¿Cuáles serán los factores fundamentales por los que se seleccione esa determinada forma de aprendizaje?

## ACTIVIDAD 1

Pedro trabaja en una fábrica del sector textil. Está empezando a ampliar su oferta y comercializando nuevas prendas, por lo que han incorporado nueva maquinaria, y tiene que aprender a utilizarla.

Para ello, se están organizando cursos de formación en la empresa, pero tendrían que realizarse tras la jornada laboral, dado el gran volumen de trabajo que tienen, pero los trabajadores no están dispuestos a quedarse más tiempo en la empresa.

¿Qué solución podría darse a esta situación? ¿Cuál sería la modalidad formativa más adecuada y por qué motivo?

*Continúa en página siguiente >>*

<< Viene de página anterior

a. La única solución pasa por la modalidad presencial, ya que los costes serán menores. Además, debe aprenderse el manejo de la máquina en concreto, por lo que la empresa debe ceder y que la formación se realice en horario laboral.
b. La única solución pasa por la modalidad presencial, ya que debe aprenderse el manejo de la máquina en concreto, por lo que los trabajadores deben ceder y que la formación se realice tras el horario laboral.
c. La solución consiste en adoptar la modalidad formativa virtual, ya que permitirá realizar la formación sin tener que quedarse tras la jornada laboral ni durante la misma, además de ahorrar costes.
d. Debe adoptarse obligatoriamente la modalidad presencial, ya que los trabajadores no tienen las habilidades informáticas adecuadas.
e. Debe adoptarse la modalidad semipresencial, ya que por el contenido a tratar se necesita la parte presencial, y la parte virtual evitará, en parte, el conflicto por el tema horario, que podrán negociar los trabajadores y la empresa.

## 3. Plan tutorial: estrategias y estilos de tutoría y orientación

La **acción tutorial** abarca una serie de actuaciones que el tutor, previa planificación, lleva a cabo sobre la comunidad educativa para procurar que la formación de los estudiantes sea integral.

En el caso que nos ocupa, hablamos de adultos que son sujetos activos de una formación ocupacional. Por ello, rara vez el tutor se topará con la necesidad de intervenir sobre la comunidad educativa, aunque no por ello descartaremos la necesidad de coordinarse con el resto de profesionales educativos del centro.

Así, en las acciones formativas, la acción tutorial posee un matiz más directo, más interventor y, por tanto, con aún más importancia para el estudiante.

La acción tutorial tiene como **objetivo principal** que el sujeto del aprendizaje adquiera una formación integral, o lo que es lo mismo, que no solo se trabajen contenido teóricos propios de la formación, sino también competencias, su desarrollo personal, valores vitales, capacidades, habilidades sociales, que aumente su potencial y su valor como trabajador y persona y, por supuesto, que se integre plenamente en la sociedad.

Para ello, los tutores harán uso del **Plan de Acción Tutorial (PAT en adelante)** como instrumento que organiza, planifica y gestiona su intervención con el grupo-clase.

## 3.1. Contenido del Plan de Acción Tutorial

Aunque pueden existir variaciones, dependiendo de las necesidades de los destinatarios o de la acción formativa, a grandes rasgos tendrán que contemplarse estos puntos en el desarrollo de un PAT:

1. **Introducción.** Donde se explique cuál es la acción formativa, como es el grupo- clase, qué necesidades posee y en qué aspectos debe incidir la labor tutorial.
2. **Objetivos generales.** Qué se espera conseguir, al finalizar la acción formativa, a través de la acción tutorial.
3. **Objetivos específicos.** Cuáles son las pequeñas metas que, logro tras logro, darán lugar a alcanzar los objetivos generales.
4. **Organización de la tutoría.** Cómo se gestionarán los recursos y espacios, qué funciones desempeñará el tutor, con qué estrategias, mediante qué actividades y con qué metodología.
   En este apartado deberá considerarse el tipo de acción formativa y su modalidad, ya que la acción tutorial no se desarrollará igual en cada una de ellas.
5. **Contenidos.** Qué información se dará, qué aspectos se abordarán y en qué contenidos se basará la acción tutorial.
6. **Evaluación.** Habrá que reflexionar sobre qué contenidos han calado más y por qué, cuáles no, si la tutoría ha despertado interés, si ha resuelto problemas existentes, si sus objetivos generales y específicos se han cubierto y, sobre todo, habrá que hacer autocrítica para saber qué aspectos mejorar.

**Plan de Acción Tutorial (PAT)**
Es un instrumento que sirve de orientación al docente, en el que se establecen las líneas de actuación y pautas para la gestión y planificación de la tutoría, especificándose todas las acciones y procesos que han de llevarse a cabo durante el desarrollo de la acción formativa.

## 3.2. Estrategias de tutoría

### ☞ HILO CONDUCTOR

Julia y Roberto son los tutores del certificado profesional HOTG0108. Creación y gestión de viajes combinados y eventos que se está impartiendo en la empresa de formación Paideia.

Para el correcto desarrollo de la acción formativa deben preparar bien las tutorías y estrategias a utilizar, tanto en la parte presencial como a distancia.

Los tutores tienen un papel muy importante, pues deben **orientar al alumnado** en la resolución de sus problemas a través de diversas **estrategias tutoriales,** pero nunca aportándoles la solución o las respuestas a sus interrogantes.

Para esto, se hace uso de las estrategias de orientación y asesoramiento, a través de las que el docente actúa más como una guía del estudiante.

La intención es ayudarle durante el camino que debe seguir para alcanzar su objetivo, pero nunca inmiscuirse en la fijación de dicho objetivo. Dicho de otra forma, la función del tutor en este caso es guiarlo en el proceso de toma de decisiones.

Ahora bien, ¿cuál es la diferencia entre orientación y asesoramiento? Pues básicamente el cuándo se utilizan estos procesos y para qué se usan.

El asesoramiento se produce más de igual a igual, realizándose sobre cuestiones concretas y sin llegar a indagar el porqué de la cuestión. Al docente en modo asesor solo le interesa el hecho sobre el que tiene que asesorar, y nunca las circunstancias que lo rodean a él o al interesado.

Por este motivo, y dado el escenario en el que nos encontramos, quizás la estrategia más acertada sería la orientación.

En este caso, es importante destacar que dentro de las distintas categorías de orientación, el tutor de una acción formativa va a desempeñar dos en concreto: la orientación profesional y la ocupacional. Ambas se ampliarán más adelante.

## DEFINICIÓN

**Estrategias tutoriales**
Conjunto de actuaciones concretas, planificadas, que servirán como guía para la acción docente durante el desarrollo de las sesiones formativas.

Mediante las mismas, el tutor debe poner en práctica todas las **habilidades tutoriales** necesarias para que el alumnado lleve a cabo el proceso de aprendizaje de forma satisfactoria, alcanzando los objetivos propuestos.

No debe ser solamente transmisor de conocimientos, sino que debe **orientar a los participantes,** de forma individual si lo necesitan, sobre el desarrollo del proceso de enseñanza-aprendizaje, **fomentar el buen ambiente de grupo, dinamizar la acción formativa y seguir el desarrollo del proceso,** entre otras funciones.

Como has visto, las funciones de los tutores son muy variadas, no simplemente la de transmisión de conocimientos.

| Tutoría | Orientación |
| --- | --- |
| - Proceso llevado a cabo por el docente, con el objetivo de conseguir una **formación integral del alumnado** en todos los aspectos de su vida (afectivo, social, cognitivo, etc.). La tutoría, por tanto, es concebida como un **recurso educativo** cuya finalidad es el aprendizaje del alumnado. El tutor posee los conocimientos y las capacidades (orientación, dinámicas de grupo, programación y evaluación) para que el alumnado llegue a adquirir un aprendizaje integral mediante técnicas de apoyo, formación y orientación. | - Proceso educativo que se realiza a lo largo de toda la vida, ya sea por parte del profesor, tutor, padres, amigos, compañeros, etc., cuya **finalidad** es **dotar a la persona de determinadas capacidades, actitudes, conocimientos y experiencias,** posibilitando con ello su toma de decisiones sobre su futuro de forma autónoma y responsable. |

## APLICACIÓN PRÁCTICA

**Teniendo en cuenta las funciones del tutor que se han visto, ¿qué estrategias de tutoría crees que deberían utilizar Roberto y Julia?**

a. **Búsqueda de entretenimiento entre el alumnado para ser un tutor más eficaz. Realización de dinámicas o actividades que fomenten el entretenimiento y la diversión entre los participantes.**
b. **Ser una persona estricta y autoritaria, y ceñirse a las actividades, contenido, etc., planificado, para que el alumnado sepa que el proceso formativo es algo serio y deben estudiar bien el contenido para que una vez llegadas a las sesiones presenciales prácticas, no se pierda el tiempo en resolver dudas y se pueda "pasar a la acción".**
c. **Ser consciente de las expectativas del alumnado, así como de sus expectativas como tutor.**
d. **Seguimiento de un conjunto de reglas orientativas.**
e. **Ser transmisor de sus conocimientos para que el alumnado pueda desempeñarlos ante la resolución de sus problemas.**
f. **Conocer a los participantes en todos sus aspectos: sociales, cognitivos, actitudinales, etc.**
g. **Transmitir el conocimiento de forma general, sin detenerse a dar explicaciones o hacer adaptaciones individuales, ya que esa atención personalizada puede hacer que se pierda el ritmo del curso.**
h. **Ser una persona abierta, humilde y empática.**

### Solución

Las estrategias que podrían utilizar Julia y Roberto son las siguientes:

1. Búsqueda de entretenimiento entre el alumnado para ser un tutor más eficaz. Realización de dinámicas o actividades que fomenten el entretenimiento y la diversión entre los participantes.
2. Ser consciente de las expectativas del alumnado, así como de sus expectativas como tutor.
3. Seguimiento de un conjunto de reglas orientativas.
4. Ser transmisor de sus conocimientos para que el alumnado pueda desempeñarlos ante la resolución de sus problemas.
5. Conocer a los participantes en todos sus aspectos: sociales, cognitivos, actitudinales, etc.
6. Ser una persona abierta, humilde y empática.

*Continúa en página siguiente >>*

*<< Viene de página anterior*

Sin embargo, no sería adecuado que usaran las estrategias:

1. Ser una persona estricta y autoritaria, y ceñirse a las actividades, contenido, etc., planificado. De este modo, no conseguiría crear un buen ambiente en el grupo, y al concebir una planificación cerrada, no estaría atendiendo y orientando a los participantes antes las necesidades individuales que se detecten durante el proceso.
2. Transmitir el conocimiento de forma general, sin detenerse a dar explicaciones o hacer adaptaciones individuales.

De este modo, no estaría atendiendo y orientando a los participantes ante las necesidades individuales que se detecten durante el desarrollo del proceso de enseñanza-aprendizaje, lo que puede ocasionar que los participantes se sientan desmotivados y no adquieran todos los conocimientos y capacidades necesarios durante el proceso.

## ACTIVIDAD COMPLEMENTARIA

2. Analiza la siguiente situación:

   *Un alumno que está realizando un curso de Gestión Laboral, se encuentra en una situación de marginación laboral, ya que en su empresa no le permiten la integración con sus compañeros y compañeras.*

   ¿Qué estrategias utilizará el tutor del curso con este alumno? ¿En qué momento se producen dichas estrategias y cuál es su finalidad?

### 3.3. Estilos de tutoría

Los **estilos de tutoría** suelen coincidir con las distintas modalidades de formación: presencial, semipresencial y virtual, y para cada una de ellas se utilizará un tipo de tutoría.

**Estilos de tutoría**
Forma en la que el docente lleva a cabo el proceso de orientación y acompañamiento del alumnado, a través de diferentes medios.

Es por esto que podremos encontrar tres estilos de tutoría con características propias:

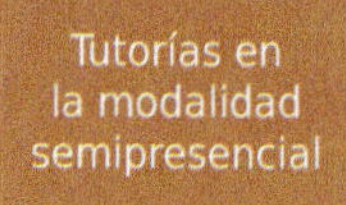


## Tutorías presenciales

Caracterizadas por la interrelación entre tutor y alumno, y el *feedback* entre ambos.

Estas tutorías pueden ser grupales o individuales.

Habitualmente, las primeras se emplean para fortalecer la convivencia y el trabajo en grupo, aprender a acatar normas o bien para tratar cuestiones de interés general.

Por su parte, las tutorías individuales se reservan para tratar aspectos más privados, tales como la orientación laboral, dificultades que atraviese un estudiante o cualquier otro aspecto personal.

Tanto en unas como en otras, el tutor, además de actuar como mediador entre los estudiantes y el resto de elementos de la formación (contenidos, profesorado, empresarios, etc.) debe estar al tanto de las peculiaridades que rodean a cada alumno de forma particular. Solo de esta forma podrá trascender en sus labores y ejecutar buenos procesos de tutoría y orientación sobre el alumnado.

Igualmente, en ambas juega un papel muy importante, tanto la comunicación verbal como la no verbal (gestos, miradas, posturas, etc.). En el caso de esta última, se puede obtener tanta o más información que con la primera.

## Tutorías virtuales

Correspondientes a la modalidad virtual *(online)*. Suelen llevarse a cabo mediante correos electrónicos, videollamadas, chat, foros o teléfono, por lo que puede ser síncrona o asíncrona.

### DEFINICIÓN

**Comunicación síncrona**
Es el proceso informativo que se lleva a cabo mediante charlas, pizarra y teleconferencias.

**Comunicación asíncrona**
Es el proceso informativo realizado a través de foros y correo electrónico.

A pesar de no ser tan personal como la anterior, sí permite que docente y alumno estén en contacto casi permanente.

Sin embargo, salvo en la videollamada, existe un inconveniente con este tipo de tutoría: la pérdida de información mediante comunicación no verbal.

Por este motivo, es preciso que se tengan en cuenta ciertas precauciones a la hora de utilizar estos medios, tal y como el empleo de un lenguaje sencillo, no utilizar la ironía o gastar bromas, tener claridad al expresarse y mantener un ritmo pausado durante la conversación.

Salvo contadas excepciones, no suelen realizarse tutorías grupales de esta forma y, si se producen la comunicación, no será realmente bidireccional, ya que el entendimiento entre muchos miembros y, por estos canales, es realmente costoso.

## Tutorías en la modalidad semipresencial

Alternan las dos anteriores, tutoría presencial y virtual *(online)*, aunque suele primar la última, dada su facilidad de llevarse a cabo, el ahorro de tiempo invertido en el desplazamiento y su coste económico.

Aun así, para tratar ciertas cuestiones, se procura una reunión presencial.

**RECUERDA**

Las modalidades de formación son los medios necesarios para la adquisición de un aprendizaje.

**ACTIVIDAD COMPLEMENTARIA**

3. Reflexiona sobre los distintos tipos de tutoría: presencial, virtual y semipresencial; e indica cuál es el mejor tipo de tutoría en la actualidad en la Formación Profesional.

## 3.4. Estrategias y estilos de comunicación

**HILO CONDUCTOR**

Como tutores del certificado profesional HOTG0108. Creación y gestión de viajes combinados y eventos, Julia y Roberto también tendrán que realizar labores de orientación.

Dentro del concepto de orientación, se ha de realizar una clara distinción entre dos estilos diferentes: **orientación profesional** y **orientación ocupacional.**

| Orientación Profesional | Orientación Ocupacional |
| --- | --- |
| - En la orientación profesional, el orientador o formador tiene como principal misión **contribuir en la mejora de la cualificación profesional** del alumnado, permitiendo con ello su incorporación en el mercado laboral o, por otro lado, su desarrollo progresivo en la ocupación que desempeña. | - En la orientación ocupacional, el orientador tendrá como finalidad, tras los estudios y los análisis realizados al alumnado, **buscar la ocupación que más se ajuste con dicha persona,** fomentando con ello el empleo en un momento determinado. |

Destacadas cada una de las **funciones del orientador,** en su faceta como profesional u ocupacional, a continuación se señalan las **principales estrategias de orientación** que lleva a cabo.

## APLICACIÓN PRÁCTICA

**Los trabajadores de Talleres Parsis necesitan realizar un curso sobre "Manipulación de Sistemas que emplean Gases Fluorados, para el confort térmico de personas instalados en vehículos", ya que deben adaptarse a la nueva legislación vigente respecto a los mismos.**

**¿Cuáles de las siguientes estrategias deberá poner en práctica de forma obligatoria Jorge, el tutor del curso, con su alumnado?**

a. **Mercado de trabajo.**
b. **Intermediarios en el mercado de trabajo.**
c. **Factores de ocupabilidad.**
d. **Nuevos yacimientos de empleo.**
e. **Fuentes para la orientación profesional.**

**Solución**

Las personas deben ser conscientes en todo momento del mercado de trabajo en el que se encuentran: oferta y demanda de empleo y el marco normativo o conjunto de leyes que regulan ese mercado. Como la realización del curso viene propiciada por un cambio de normativa, Jorge debe asegurarse de que el alumnado conoce bien los cambios que esto supone, y cómo afecta esto a su desempeño laboral.

Si lo desea, también puede transmitir al alumnado las fuentes de información para la orientación profesional, por si las necesita, para que sea consciente de la importancia de adquirir nuevos conocimientos para su futuro y sepa cómo hacerlo.

Como son personas ocupadas, no es necesario que se ocupe de las labores de orientación en el sentido de incorporación al mercado laboral, a no ser que algún participante le haga alguna consulta específica al respecto.

A continuación, se analizará en qué consisten cada una de esas estrategias.

## Mercado de trabajo

Como guía durante el proceso de incorporación al mundo laboral, el tutor debe conocer y dar a conocer a su alumnado las **características del mercado de trabajo** al que pertenecen o se van a incorporar.

**Características generales del mercado: la demanda supera a la oferta de empleo, descenso del sector primario y secundario, necesidad de formación permanente y continua.**

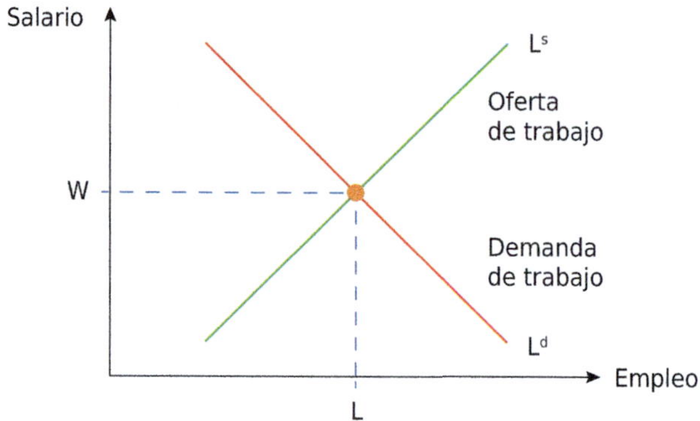


Las personas deben ser conscientes en todo momento de las ofertas de empleo, las demandas de empleo y el marco normativo o conjunto de leyes que regulan ese mercado.

**NOTA**

El **mercado laboral** es el lugar en el que se desarrolla la **interacción mutua entre la oferta y la demanda** de empleo.

También deben estar atentos a la importancia de los grandes cambios tecnológicos que afectan e influyen enormemente en la sociedad, al mercado de trabajo en general, y al específico del sector.

## Intermediarios en el mercado de trabajo

Los **intermediarios** son aquellas entidades o sujetos que facilitan una estrecha y recíproca **relación, entre el demandante y la oferta de trabajo, en beneficio de ambos.**

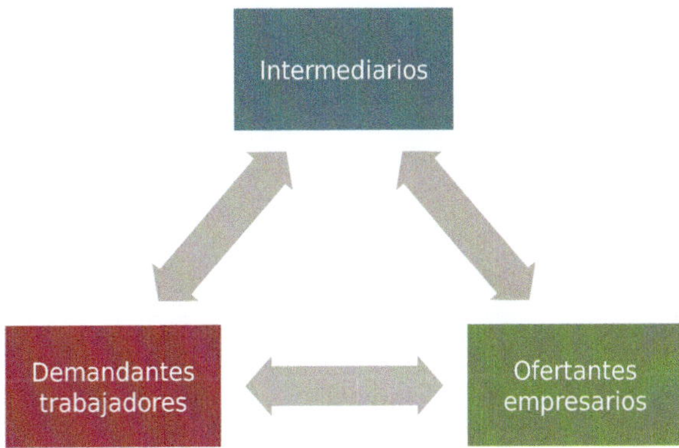


Son intermediarios:

- **SEPE** (Servicio Público de Empleo Estatal).
- **ETT** o Empresas de Trabajo Temporal.
- **Agencias de colocación:** SAE (Servicio Andaluz de Empleo) o empresas privadas.
- **Empresas de selección.**

## Factores de ocupabilidad

El factor de ocupabilidad es aquel que determina cuál es la posibilidad real de que una persona consiga y ocupe un puesto de trabajo.

Entre los principales se encuentran:

- **Factores estructurales:** hacen referencia a la situación en la que se encuentra el mercado laboral, la creación de puestos de trabajo, los empleos disponibles, etc.
- **Factores personales:** son las características de la persona (pertenencia a una etnia o grupo social, sexo, edad, discapacidad, etc.).
- **Factores competenciales:** son las relaciones establecidas entre las características de la persona y su realización y desempeño en el puesto de trabajo (idiomas, formación, etc.).

- **Factores psicosociales:** hacen referencia a aspectos psicológicos en función del entorno donde se ha desarrollado el individuo como disponibilidad para el empleo, imagen personal, valor y valencia, etc.

## Nuevos yacimientos de empleo

Con la aparición de las nuevas tecnologías, y su desarrollo, se ha producido un cambio muy significativo en el tipo de empleos demandados por la sociedad.

### DEFINICIÓN

**Nuevos yacimientos de empleo**
Es un término que define los nuevos puestos de trabajo que surgen en un sector de actividad determinado debido a las nuevas necesidades que solicita la sociedad y que apareció en el Libro blanco *Crecimiento, competitividad y empleo. Retos y pistas para entrar en el siglo XXI*. Fue editado por la Comisión Europea en 1993 y es conocido también como Informe Delors.

Además, debido a este desarrollo tecnológico, para el desempeño laboral se requiere una mayor formación y utilización de estas nuevas tecnologías.

### EJEMPLO

Una persona que trabajaba en la recepción de un hotel antes del uso de las tecnologías, hacía los registros de clientes de forma manual; sin embargo, en la actualidad necesita manejar el ordenador, internet y algún programa específico para poder realizar sus funciones.

## Fuentes para la orientación profesional

Es necesario que el alumnado sea consciente de la **importancia de adquirir nuevos conocimientos** para su futuro.

Por ello, entre las principales **fuentes de la orientación profesional** destacan aquellas en las que el alumno o alumna tenga un alto conocimiento de lo que pretende conseguir con dicha formación, dónde puede encontrar la información necesaria para poder conseguirlo, así como las acciones a ejecutar para garantizar su futuro profesional y reciclaje laboral.

Entre las **fuentes a tener en cuenta,** destacan las que se describen a continuación:

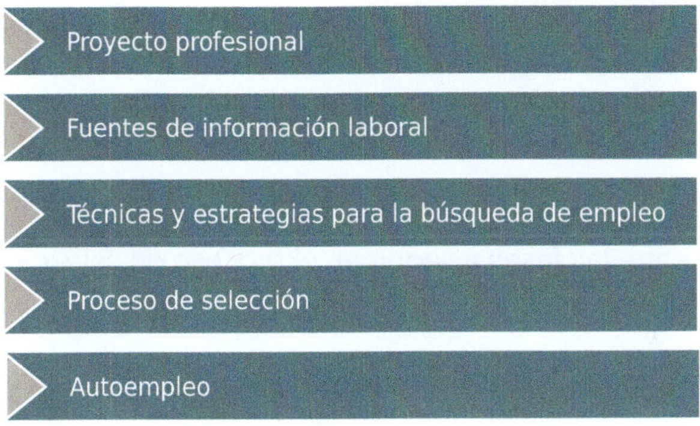


## *Proyecto profesional*

Es imprescindible en todo momento tomar las decisiones correctas sobre ¿qué estudiar? Y, ¿en qué trabajar?, pues son dos cuestiones que condicionarán el resto de la vida de una persona.

Para realizar un proyecto profesional, previamente habrá que realizar un proceso de **autonocimiento personal y personal.**

## *Fuentes de información laboral*

Para que un estudiante pueda desenvolverse, de forma autónoma, en el mercado laboral es necesario dotarlo de información actualizada sobre el empleo, sus fuentes de búsqueda y la selección de estas, con el objetivo de desarrollar su proyecto profesional. Entre las **principales fuentes de información laboral** destacan: SEPE, asociaciones sin ánimo de lucro y agencias de colocación, la prensa y los medios de comunicación, empresas de trabajo temporal, etc.

## *Técnicas y estrategias para la búsqueda de empleo*

Las técnicas de búsqueda de empleo hacen referencia al conjunto de **procedimientos, herramientas y estrategias** que, de forma organizada, permiten a la persona aumentar el porcentaje de encontrar un empleo. Entre todas las técnicas utilizadas, destacan las siguientes:

- Cartas a empresas.
- Contacto telefónico.
- Currículum vítae.
- Formularios de empresas u hojas de solicitud de empleo.

## *Proceso de selección*

Todo proceso de búsqueda de empleo concluye con su proceso de selección. Y entre las **fases** a seguir en el proceso de selección, destacan las siguientes:

## *Autoempleo*

No se debe olvidar que una de las posibilidades de una persona a la hora de buscar empleo es crear su propia empresa. El autoempleo implica ciertos esfuerzos, muy importantes, que no todo el mundo puede o está dispuesto a realizar: invertir dinero, tiempo, responsabilidad, capacidad de superación, creatividad, etc. Ante la posibilidad de emprender hay que reflexionar detenidamente en torno a la idea de empresa que se quiere fundar, así como sobre el perfil de la persona que la crea como empresario.

# 4. Estrategias de aprendizaje autónomo. Estilos de aprendizaje

### HILO CONDUCTOR

Durante el desarrollo del curso, Julia y Roberto se encuentran con que tienen algunos alumnos que no han realizado nunca un curso a distancia, y aunque manejan bien las nuevas tecnologías, no tienen las habilidades de organización y autonomía necesarias para avanzar con facilidad en el mismo...

El **aprendizaje autónomo** hace referencia al proceso de e**nseñanza-aprendizaje por parte de la propia persona.** Es decir, es el alumnado el que aprende por sí mismo, puesto que posee todo el control en la organización de su trabajo, la búsqueda de información y recursos necesarios, el establecimiento de un horario, la evaluación de su progreso, etc.

Por ello, el aprendizaje autónomo se caracteriza fundamentalmente por ser un proceso personal e individualizado.

### SABÍAS QUE...

"Aprender a aprender" es una célebre frase del escritor Henri Holec (1991) que quiere decir que "para llevar a cabo con total efectividad un aprendizaje por parte del alumno de forma autodirigida es necesaria una condición: hay que saber cómo hacerlo".

Para conseguir dicho aprendizaje autónomo, se deben establecer los **principios en los cuales se basa. ¿Sabes cuáles son?**

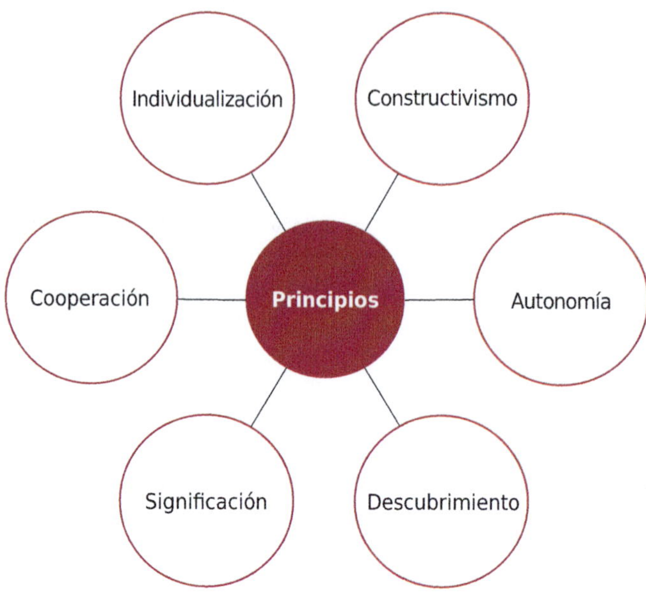


A continuación, se analizarán cada uno de estos principios.

- **Individualización:** cada persona es única en el mundo, por ello, sus características personales deben ser respetadas por todos, garantizándose su proceso de individualización.
  Este principio tiene como objetivo una formación adaptada a las necesidades de cada participante.
- **Constructivismo:** proceso de aprendizaje por el cual el alumnado, al adquirir nueva información, modifica los conocimientos que ya habían adquirido relacionándolos con estos nuevos.
- **Autonomía:** es el alumno por sí mismo quien debe guiar su propio aprendizaje, teniendo en cuenta sus necesidades, competencias, deseos de aprender y progresar.
- **Descubrimiento:** el alumno, al realizar una tarea de aprendizaje por sí solo, es consciente de que está descubriendo nuevos caminos y conocimientos necesarios para su desarrollo.
- **Significación:** un aprendizaje significativo consiste en la adquisición de un nuevo conocimiento a partir de los ya existentes.
- **Cooperación:** aunque el aprendizaje autónomo hace referencia al aprendizaje del alumnado por sí mismo, se puede establecer que este no está solo en ningún momento, pues cuenta con la colaboración y la participación de sus compañeros y, sobre todo, del docente.

## 4.1. Estrategias de aprendizaje autónomo

### HILO CONDUCTOR

Para inculcar los hábitos metodológicos o estrategias de aprendizaje autónomo necesarias a aquellos alumnos cuyas habilidades de organización y autonomía necesarias no les permiten avanzar con facilidad en el curso, Julia y Roberto deberán analizar antes sus estilos de aprendizaje.

Establecidos los principios del aprendizaje autónomo, es necesario que los formadores se planteen cuestiones como: ¿qué hace en el aula el formador? ¿Qué hace el alumnado tanto dentro como fuera del aula? ¿Cuál ha sido su enseñanza como formador para que el alumnado sea autónomo en su aprendizaje?

Estas cuestiones serán un fundamento teórico básico para transmitir al alumnado una serie de **hábitos metodológicos.** Y, cuando se habla de hábitos metodológicos, se quiere decir: **estrategias de aprendizaje autónomo.**

Esas **estrategias de aprendizaje** están estrechamente relacionadas con los estilos de aprendizaje, ya que serán los segundos los que determinen las primeras.

En otras palabras, cada persona debe conocer de qué forma aprende mejor, para poder así elegir la estrategia que mejor se adapte a ella.

Si una alumna comprende y memoriza el contenido, de forma óptima o vía auditiva, no es descabellado que se grabe recitando lo que ha aprendido para afianzar su conocimiento; es decir, su estilo de aprendizaje (por vía auditiva; aural) determinará su estrategia de aprendizaje (grabación del contenido).

Ahora bien, estas estrategias, al igual que el estilo de aprendizaje, no tienen por qué siempre ser los mismos. Y es que cada contenido y cada situación de aprendizaje determinarán tanto unos y otros en el mismo individuo.

Entre las **principales estrategias,** destacan las siguientes:

- Estrategias de aprendizaje en las distintas destrezas: hacen referencia al cómo el alumnado lee, habla, escribe, escucha, etc.
- Estrategias y actividades de trabajo para que el alumnado tenga la posibilidad de desarrollar documentos de forma autónoma.
- Estrategias y actividades que favorecen la reflexión del alumnado en cuanto a su aprendizaje autónomo.

## ACTIVIDAD COMPLEMENTARIA

4. Reflexiona sobre el aprendizaje autónomo y la cuestión que se plantea respecto al mismo:
   El docente que "enseña a aprender" tiene como objetivo proporcionar herramientas y estrategias de aprendizaje para que el alumnado pueda hacer frente a sus interrogantes y así resolver con éxito los problemas que se le planteen. Pero, ¿el docente debe proporcionar a cada alumno las estrategias de aprendizaje más adecuadas para su caso concreto, o lo hará de forma general?

## 4.2. Estilos de aprendizaje

Desarrolladas las estrategias de aprendizaje, es necesario establecer y conocer los diferentes estilos de aprendizaje y su relación con dichas estrategias, para poder garantizar con ello los objetivos que se persiguen con el aprendizaje autónomo. Según la forma que el alumnado tenga de aprender, el formador utilizará una forma concreta de enseñanza.

**Estilos de aprendizaje**

Se denomina estilo de aprendizaje a la forma en que una persona utiliza, en su provecho, tanto sus características cognitivas y psicológicas predominantes, como las condiciones y estímulos del entorno, para facilitar un nuevo aprendizaje.

Ante estos nuevos aprendizajes, el alumnado muestra una serie de **rasgos personales:**

| Cognitivos | Afectivos | Fisiológicos |
|---|---|---|
| - Relacionados con la estructura del contenido, interpretación de la información, resolución de problemas, utilización de diferentes medios auditivos visuales, etc. | - Asociados a las motivaciones y las expectativas de cada persona con la adquisición de este nuevo aprendizaje. | - Dan lugar a un determinado comportamiento del cuerpo. |

En este sentido, los estilos de aprendizaje tienen una serie de **características** que hay que tener en cuenta:

- **No existe ningún estilo de aprendizaje determinante,** pues todas las personas utilizan estilos diferentes, y pueden tener más de un estilo.
- Los estilos de aprendizaje **pueden cambiar.**
- Los estilos de aprendizaje son **flexibles** y por eso el alumno debe reforzarlos.
- El formador debe desarrollar en el alumno la importancia de un estilo de aprendizaje **propio y autónomo.**
- Son **neutros,** no hay estilos mejores ni peores.

## 4.3. Clasificación de los estilos de aprendizaje

A pesar de las numerosas clasificaciones existentes acerca de los estilos de aprendizaje, se debe subrayar la establecida por Honey y Mumford (1986), identificando **cuatro estilos de aprendizaje básicos:**

- **Activos:** basado en la experiencia. La forma de pensar o la filosofía del alumnado consiste en probar de todo, en disfrutar del momento. Su mente es abierta, enfrentándose a los retos del día a día. Es luchador y disfruta descubriendo. Vive el presente y es animador y arriesgado.
- **Pragmático:** se basa en la acción. El alumnado, permanentemente, busca nuevas ideas y aplicaciones. Establece una explicación práctica en cualquier situación o tarea. Actúa con rapidez y aprende si el conocimiento está estrechamente ligado a su interés y ocupación. Es experimentador, directo y eficaz.
- **Reflexivo:** el alumnado prefiere la reflexión continuada. Es diplomático: piensa, evalúa y analiza. Compara una misma tarea desde diferentes perspectivas. Posee un carácter callado, humilde y es muy prudente. Es observador, reflexivo, concienzudo y analista.
- **Teórico:** al alumnado le encanta la conceptualización, el análisis y, sobre todo, la síntesis. Resuelve los problemas racionalmente y de forma escalonada, avanzando progresivamente. Es intelectual y desecha las teorías subjetivas. Es detallista, metódico, objetivo, crítico y lógico.

| Estilo de aprendizaje | Ejemplo |
|---|---|
| Estilo activo | Intentando dar solución a las cuestiones planteadas por sus compañeros mediante la utilización de un modelo ya preestablecido, siempre y cuando el tema esté relacionado con sus conocimientos y pueda explicarlo a través de la práctica y la técnica. Un ejemplo es la resolución de problemas. |
| Estilo reflexivo | Participando en temas abiertos que les permitan cuestionarse e ir comprobando en clase paradigmas complejos, estableciendo con ello la realización de una teoría o un modelo. Un ejemplo de actividad para este tipo de aprendizaje es la organización de un debate o una lluvia de ideas. |
| Estilo teórico | Investigando de forma pausada, reflexionando detenidamente, contrastando ideas con sus compañeros, observando y estableciendo una conclusión final acertada. Un ejemplo de actividad para este tipo de aprendizaje es el comentario de un texto o artículo. |

*Continúa en página siguiente >>*

<< Viene de página anterior

| Estilo de aprendizaje | Ejemplo |
|---|---|
| Estilo pragmático | Planteando nuevos ejercicios, sencillos y de forma simplificada, con resultado inmediato, para que el alumnado compita con los miembros del grupo en busca de la solución. Un ejemplo de actividad para este tipo de aprendizaje es la resolución de caso práctico. |
| Estilo lógico | En ellos predomina el uso de la lógica y el raciocinio matemático para poder resolver problemas. Utilizan mapas conceptuales, asociaciones de ideas, esquemas y dibujos para relacionar los conceptos. |
| Estilo social | Son personas que necesitan de estrategias cooperativas o colaborativas para aumentar sus capacidades de aprendizaje. En otras palabras, requieren de un aprendizaje social. |
| Estilo intrapersonal | Estos estudiantes prefieren gestionar su aprendizaje en soledad. En ellos también predomina el estilo reflexivo y el pragmático, ya que lo analizan todo con bastante cautela. La realización de experimentos es perfecta para ellos. |
| Estilo visual | Son aquellos que retienen una gran cantidad de información a través de medios visuales: fotografías, infografías, gráficos esquemas, vídeos, etc. |
| Estilo aural | En ellos predomina el aprendizaje auditivo. Si se les cuenta una historia o escuchan atentamente al profesor y sus anécdotas, memorizarán mejor que tras horas de estudios. Cualquier medio auditivo o audiovisual les será de gran ayuda como, por ejemplo, grabaciones, películas, vídeos explicativos, etc. |
| Estilo verbal | Más que a nivel comunicativo, este aprendizaje se produce mediante lectura y escritura. Entre sus actividades favoritas destacan el hacer resúmenes y lecturas de repaso. |
| Estilo cinestésico | Son personas muy prácticas y que necesitan ver la utilidad real de todo lo que aprenden. Es mediante esa práctica cuando consiguen comprender por completo y reflexionar sobre una idea. Cualquier aplicación práctica les será de ayuda. |
| Estilo multimodal | Se trata de estudiantes que emplean varios estilos de forma simultánea para realizar su aprendizaje. |

## PARA SABER MÁS

Si quieres saber qué estilo de aprendizaje predomina en tu caso, realiza el test disponible en el siguiente enlace:

Continúa en página siguiente >>

*<< Viene de página anterior*

https://redirectoronline.com/uf16460101

Ya has visto que no existe ningún estilo de aprendizaje determinante, pues todas las personas utilizan estilos diferentes, y pueden tener más de un estilo, pero sí puede haber uno predominante.

## TAREA 2

Cristina es una chica joven que ha trabajado como camarera en varias ocasiones y le gusta mucho tratar con la gente, por lo que ha decidido realizar su formación en el sector hostelero, y está haciéndolo mediante modalidad virtual *(online)*.

Durante el proceso formativo se da cuenta de que los idiomas tienen un papel fundamental para el desempeño de su trabajo, y no se le dan muy bien, por lo que se siente desmotivada y no consigue alcanzar sus objetivos, así que está pensando en abandonar la acción formativa.

Su tutor ha conseguido motivarla para que no abandone el proceso formativo, pero ahora debe alcanzar sus objetivos. Teniendo en cuenta que es una alumna en la que predomina el estilo de aprendizaje activo, ¿qué estrategias de aprendizaje deberían poner en marcha los profesores de Cristina, para conseguir que adquiera las competencias profesionales que necesita?

## ACTIVIDAD 2

Una alumna cuyo estilo de aprendizaje predominante es el estilo activo, va a realizar un curso de inglés.

*Continúa en página siguiente >>*

*<< Viene de página anterior*

¿Qué actividad, de las siguientes sería más adecuada para lograr su aprendizaje?

a. Juego de roles.
b. Comentario de un texto o artículo.
c. Estudio de casos.
d. Traducción de un texto.

# 5. La comunicación *online*

## HILO CONDUCTOR

En la sesión presencial, que imparte Roberto, ha observado que se dedica demasiado tiempo al debate e intercambio de opiniones, así como a la resolución de dudas sobre el contenido teórico que se ha visto en el curso, por lo que el tiempo para dedicar a la práctica se ve reducido, y el trabajo en el aula virtual es casi nulo, limitándose simplemente a la lectura de contenido por parte del alumnado.

Roberto se da cuenta de que no están desarrollando adecuadamente sus funciones en el aula virtual. Él pensaba que al tener clases presenciales, siempre se podrían resolver en ellas cualquier duda o situación del alumnado, pero ha comprobado que eso ralentiza mucho el ritmo de las clases, por lo que se pone manos a la obra, junto con Julia, para conseguir solucionar la situación.

Roberto debe conseguir que la comunicación sobre esos aspectos más teóricos, se desarrolle en la medida de lo posible dentro del aula virtual, fomentando la comunicación *online.*

La **comunicación** es un vocablo que ha sido estudiado desde muchas perspectivas. En este sentido, el **proceso de comunicación *online*** tiene como principal finalidad la interacción entre dos o más personas ubicadas en lugares diferentes, ya que a través de la utilización de las TIC pueden mantener una interacción, ya sea de intercambio de informaciones, opiniones, debates, sentimientos, etc.

## DEFINICIÓN

**Comunicación**
Acto o proceso por el cual un individuo mantiene con otra persona un contacto para poder transmitirle información.

En la Formación Profesional es imprescindible el hecho de haber desarrollado en los últimos tiempos una comunicación *online,* ya sea a partir de la utilización de **tecnología digital** como es internet, o bien, la tecnología analógica como la radio y la televisión.

En cualquier caso, este tipo de comunicación **favorece el proceso de formación continua y permanente,** el desarrollo de un aprendizaje dinámico, creativo, de autoexpresión y descubrimiento de nuevos conocimientos de forma autónoma, ya sea para la búsqueda de un puesto de trabajo o para el reciclaje de los propios conocimientos.

*Actualmente, se está incorporando a las acciones formativas el uso de las redes sociales como espacios para la comunicación online.*

## 5.1. Herramientas para la comunicación *online*

La **comunicación** es fruto de un proceso de socialización **entre personas,** ya sea realizado de forma *online* o presencial, pero siempre teniendo como objetivo el propio **desarrollo de la persona.**

En los últimos tiempos destaca la importancia de la comunicación *online,* mediante el desarrollo de un conjunto de **herramientas que favorecen diariamente el proceso de comunicación,** las cuales se clasifican según el momento en el que se desarrolla el proceso.

### Herramientas de comunicación síncronas

Permiten que **dos o más personas** establezcan una **comunicación inmediata** y en tiempo real. Para ello, dichos miembros tienen que estar **interconectados simultáneamente.** Son ejemplos de comunicación síncrona:

- Chat
- Videoconferencia
- Audioconferencia: semejante a la videoconferencia, pero en esta solo se transmite el audio o la voz.
- Pizarra electrónica.
- Documentos compartidos: su utilización está basada en compartir documentos de forma *online* por su edición conjunta o por ser un documento muy importante para el debate.

### Herramientas de comunicación asíncronas

Permiten la **comunicación de varias personas,** de forma *online,* las veinticuatro horas del día desde cualquier lugar del mundo. Entre ellas, se encuentran:

- **Foros de debate o grupos de noticias:** son utilizados para discutir cualquier tema de interés, resolver dudas, intercambiar ideas, etc.
- **Lista de correos o *mailing list:*** se trata de una lista de personas que participan en un determinado acontecimiento o noticia, a las cuales se les suele enviar información, y ellas mismas se relacionan con otras personas que también están en esa lista, bien para intercambiar experiencias u otro tipo de informaciones.
- **Correo electrónico o *e-mail:*** es una herramienta muy útil para enviar documentos, trabajos, realizar consultas, intercambiar informaciones, etc. Es muy utilizado en la formación *online.*

El uso de herramientas de comunicación permite al docente establecer cauces de información y comunicación con el alumnado, que hacen posible el correcto desarrollo de la acción tutorial.

 EJEMPLO

**Ramón es el tutor del curso "Adaptación de contenidos presenciales a contenidos digitales" que se realiza en modalidad virtual *(online)*.**

**Al inicio del curso, Ramón se puso en contacto con el alumnado mediante carta y teléfono, para darles la bienvenida e indicarles que accedieran al curso, aunque muchos de ellos no respondieron a sus llamadas. Durante la primera semana, un gran porcentaje de ellos aún no había accedido, por lo que contactó de forma telefónica con ellos, y en muchos casos no respondieron a sus llamadas.**

**En las semanas siguientes, muchos de los participantes, aunque accedían al curso, no iban avanzando en el contenido y actividades, ni participando en el curso, por lo que contactó de forma telefónica con ellos, y en muchos casos no respondieron a sus llamadas.**

**Posteriormente volvió a intentar comunicarse tanto con los alumnos que no habían accedido al curso, como con los que no avanzaban en su realización, mediante *e-mail*.**

**¿La actuación de Ramón es correcta?**

**Solución**

La actuación de Ramón no ha sido del todo correcta. Solo lo ha sido en el sentido de que ha realizado un seguimiento de las acciones del alumnado e intentado comunicarse con ellos mediante diferentes canales de comunicación, aunque debería haber ampliado los mismos, utilizando también la mensajería instantánea y los foros disponibles en la plataforma. Además, da la sensación de que las estrategias de actuación en estos casos no estaban planificadas de forma correcta, ni teniendo en cuenta todo lo que implica la modalidad en la que se está impartiendo:

- **Primero:** tener planificadas todas las acciones a realizar en cada caso o incidente concreto que pueda presentarse.

*Continúa en página siguiente >>*

<< Viene de página anterior

- **Segundo:** para comenzar la comunicación con el alumnado, se les dará la bienvenida mediante *e-mail,* en el que se adjunten dirección de acceso a la plataforma, información sobre usuarios y claves, guía del alumnado, de navegación. El uso de la carta queda totalmente fuera de lugar en un tipo de modalidad que se caracteriza por el uso de la tecnología. El uso del teléfono tampoco es conveniente, porque a través del mismo no se les puede proporcionar toda la información adjunta que necesitan para el comienzo de la acción formativa.
- **Tercero:** respecto al alumnado que no ha accedido al curso, los primeros días se le puede recordar por qué es importante que lo haga cuanto antes mediante *e-mail,* y darle un plazo de unos días para ello. En caso de no hacerlo, se recurriría a las llamadas telefónicas, intentando localizarlo a diferentes horas, y si es posible en diferentes teléfonos (personal, laboral...).
- **Cuarto:** en relación al alumnado que accede pero no avanza, se le puede enviar un *e-mail* motivándoles a hacerlo, así como aprovechar las herramientas de comunicación que ofrece la plataforma, como son los foros o la mensajería instantánea para hacerles hincapié en ello. Del mismo modo, se pueden utilizar estas herramientas, así como los chats o videoconferencias, para fomentar la comunicación. En última instancia, si su avance sigue estancado, se hablará con ellos por teléfono para buscar una solución conjunta a la situación.
- **Quinto:** en cualquier caso, es importante aprovechar las herramientas de comunicación del curso y fomentar la comunicación mediante las mismas, así como el *e-mail* externo, dada la modalidad en la que se está impartiendo la acción formativa. Además, mediante ellas se pueden siempre adjuntar ejemplos, documentos, enlaces, etc. Y con la atención que el tutor debe dar a todo el grupo, le supondrá una menor inversión de tiempo que el uso del teléfono.
- **Conclusión:** aun así, el teléfono es muy útil cuando no hay respuesta o reacción por parte del alumnado hacia los mensajes e información que recibe. Y según las características del alumno, puede ser importante tener un contacto telefónico, que se considera de algún modo, más directo.

## TAREA 3

Un tutor del curso "Diseño y elaboración de páginas web", que se desarrolla en modalidad virtual *(online),* observa que la mayoría del alumnado desarrolla

Continúa en página siguiente >>

*<< Viene de página anterior*

sus páginas con problemas de accesibilidad. En el material formativo queda explicado este contenido, y en la corrección de las actividades el tutor ha hecho hincapié en este aspecto, pero en la siguiente actividad comprueba que el alumnado sigue sin tener en cuenta la accesibilidad.

¿De qué modo puede este tutor dar una solución a dicha situación, utilizando para ello las herramientas de comunicación? ¿Cuáles, de las herramientas de comunicación disponibles, serán útiles para tal fin y de qué forma deberá el tutor utilizarlas?

## ACTIVIDAD 3

Una alumna de un curso en modalidad virtual *(online)*, de "Creación de documentos con Word" no consigue alinear una imagen de forma correcta, por lo que se pone en contacto con el tutor del curso por teléfono, pero justo en ese momento el docente se encuentra ocupado con otro grupo en una sesión de chat, por lo que le indica que se pondrá en contacto con ella para explicárselo cuando termine para solucionar sus dudas.

¿Qué herramientas de comunicación serían las más adecuadas para resolver a la alumna sus dudas?

a. Mensajería instantánea
b. Teléfono
c. *E-mail*
d. Foro de discusión
e. Videoconferencia

# 6. La figura del tutor presencial y el tutor en línea

## HILO CONDUCTOR

Una vez que han conseguido dinamizar el curso en el aula virtual, y el alumnado empieza a participar activamente en el mismo, resolviendo sus dudas y debatiendo a través de foros, chat y otras herramientas de comunicación, por fin Roberto puede dedicar las clases presenciales casi exclusivamente a la práctica, y observa con satisfacción que el alumnado va profundizando en el contenido dentro del aula virtual, en colaboración con el resto del grupo, produciéndose un incremento de la motivación.

Ahora podrá dedicarse en cada momento a las tareas que le corresponden, quedando todo bien organizado, y definir claramente las funciones, estrategias y acciones a llevar a cabo dentro de los roles que desempeña: como tutor presencial y como tutor en línea.

Aunque el tutor es la persona encargada de **guiar, orientar, asesorar, motivar y responder a cualquier duda** planteada por una persona o un grupo de personas en su proceso formativo o en su proceso personal, ya sea de forma presencial u *online,* sus funciones son diferentes en cada caso.

*El alumnado conduce su propio aprendizaje con la ayuda y orientación del docente.*

De cualquier modo, el tutor, en un proceso formativo como la Formación Profesional, será determinante para garantizar el buen uso, la aplicación y la motivación del curso, ya sea de forma presencial o a distancia. Por ello, **un buen tutor debe:**

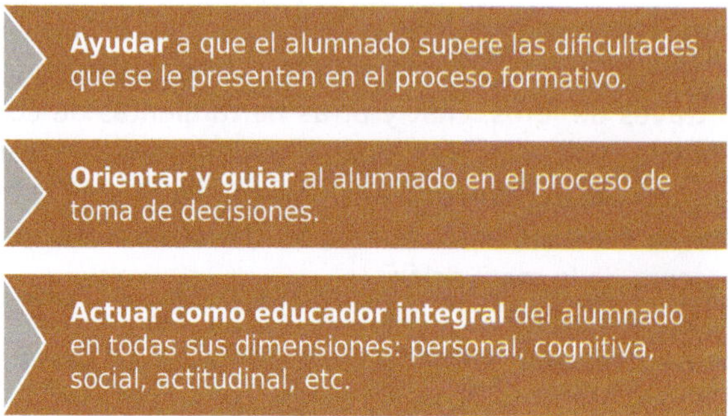


En relación a los certificados profesionales, el Real Decreto 659/2023, de 18 de julio, por el que se desarrolla la ordenación del Sistema de Formación Profesional, establece las **funciones que debe desempeñar el tutor-formador** del siguiente modo:

- Desarrollar el plan de acogida de los grupos de alumnos según las características específicas de las acciones formativas.
- Orientar y guiar al alumnado en la realización de actividades, el uso de los materiales y la utilización de las herramientas de la plataforma virtual de aprendizaje para la adquisición de las capacidades de los distintos módulos formativos.
- Fomentar la participación del alumnado, proponiendo actividades de reflexión y debate individuales y en equipo, organizando actividades individuales y de trabajo en equipo, utilizando para ello las herramientas de comunicación establecidas.
- Realizar el seguimiento y la valoración de las actividades realizadas por el alumnado, resolviendo dudas y solucionando problemas a través de las herramientas de la plataforma virtual de aprendizaje, ajustándose a la planificación establecida.
- Realizar la evaluación del alumnado, de acuerdo con los criterios establecidos, participar en la organización y desarrollo de las pruebas de evaluación y en las sesiones de evaluación y calificación establecidas al efecto.
- Coordinar las tutorías presenciales que en su caso se realicen.

- Participar en todas aquellas actividades que impliquen la coordinación con el resto del equipo responsable de la organización, gestión y desarrollo de las acciones formativas.

## 6.1. Estrategias y estilos de tutoría

Debido a la diversidad de modalidades de formación, presencial y a distancia, las estrategias y los estilos de tutoría pueden ser diferentes.

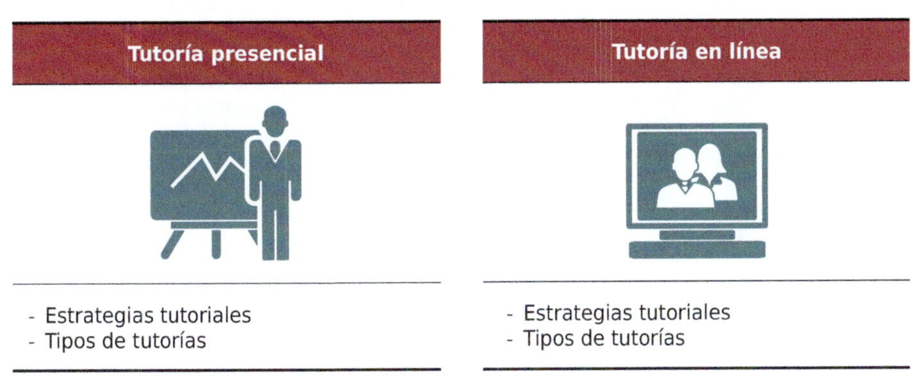


### Tutoría presencial

Es una actividad de **ayuda, orientación, apoyo y consejo** del tutor hacia el alumnado. Requiere una **interacción directa y presencial**, es decir, cara a cara, dando lugar a una relación más fluida en la que destacan los procesos de comunicación verbal (entonación, tono de voz, pronunciación, etc.) y no verbal (gestos, posturas, miradas, etc.).

Referente a las **estrategias** que utiliza el tutor con modalidad presencial, destacan las siguientes:

- Ser una persona **humilde, sencilla, abierta y empática.**
- **Conocer al alumnado** e interesarse por ellos, por sus problemas, por el ambiente en el que se ha desarrollado, etc.
- **Transmitir** sus conocimientos al alumnado para que pueda aplicarlos en su vida.
- Ser consciente de las **expectativas** del alumnado y de sus **limitaciones** y plantearle nuevos retos diarios.

- Plantear actividades grupales, fomentando el **interés y la motivación** del alumnado.

Los **tipos de tutoría** de la modalidad presencial son:

| Tutoría básica | Tutoría de apoyo | Tutoría individual |
|---|---|---|
| - Es una tutoría colectiva o de grupo. Se realiza de forma continua y diaria mediante actividades didácticas que requieran la participación del alumnado para construir su propio aprendizaje. | - Es un tipo de tutoría que se realiza de forma colectiva pero voluntaria. Cuando los alumnos requieran ese tipo de tutoría se establecerá un horario fijo para ella. Tiene un enfoque más académico. | - Como su nombre indica, se realiza de forma individual y voluntaria por parte del alumnado. Tiene numerosas ventajas, pues permite conocer con más profundidad al alumno. |

## Tutoría en línea

Es una actividad **a distancia,** en la que se cuenta con la capacidad de recibir, presentar, procesar y gestionar la información mucho más rápidamente que cualquier otro medio.

La formación *online* comparte muchas similitudes con la formación presencial, pero tiene sus propias particularidades.

Las **estrategias** propias que el tutor en línea desarrolla, garantizando con ello el éxito del curso, son:

- **Enviar un mensaje de bienvenida al alumnado:** en ella se especifican los aspectos generales del curso, la presentación del tutor y las personas de contacto para solventar cualquier problemática.
- **Guía de usuario:** se proporciona al alumnado un documento con las instrucciones para manejar la plataforma en la que se va a ejecutar el curso.
- **Sesión informativa en el chat:** tiene como finalidad el poder conocer a todos los miembros del curso. Permite romper el hielo por primera vez.
- **Tutorías:** se especificará el horario de tutorías, al cual los alumnos pueden acceder a través del chat para solucionar sus dudas.
- **Posibilidad de poder contactar con el tutor de diferentes formas:** puede ser a través del chat, vía telefónica o, la más utilizada, el *e-mail* o correo electrónico.

- **Fomentar las actividades en grupo:** es una de las principales estrategias que favorecen el intercambio de aprendizajes y experiencias entre los alumnos, además de favorecer la motivación de estos.

Los **tipos de tutorías** de la modalidad *online* son:

| Tutoría por correspondencia | Tutoría telefónica | Tutoría telemática |
|---|---|---|
| - Es uno de los recursos más tradicionales que, en gran parte, ha sido sustituido por el *e-mail*. El tutor se pone en contacto con el alumnado mediante carta. | - La voz, el ritmo de la conversación, el tono, el lenguaje, la actitud y la sonrisa permiten una mayor y mejor comunicación entre tutor y alumnado. Además, es inmediata dicha interacción. | - Puede ser realizada a través de medios síncronos que permiten una interacción inmediata y a tiempo real: chats, videoconferencias, etc. Y, por otro lado, por medios asíncronos que se caracterizan por no poder realizarse la interacción inmediata: foros y correo electrónico. |

Aunque las funciones del tutor, en una tutoría telemática, son similares a las funciones del tutor presencial, siempre tienden a aumentar. Esto se debe a que al no existir *feedback* presencial, ni observación directa por parte del tutor, la atención sobre los estudiantes debe ser mayor y más continua.

## Tutoría semipresencial

No existe una única fórmula para llevar a cabo la tutoría semipresencial, al igual que no existe un único modelo de acción formativa semipresencial.

La cuestión en estos casos es obtener el equilibrio necesario para que la atención al alumnado sea lo más completa posible.

Es cierto que el currículo académico dará mucha información al tutor sobre cómo abordar sus tutorías. Sin embargo, a veces la experiencia y la intuición juegan un papel crucial.

## ACTIVIDAD COMPLEMENTARIA

5. El tutor de un grupo de alumnos que está realizando un curso de Diseñador de Páginas Web en modalidad presencial, de 100 horas, ¿qué estrategias utilizaría en el proceso tutorial?
6. Con respecto al caso de la actividad anterior, especifica el número de tutorías que debería realizar y el tipo de tutorías que se realizarán en cada momento.

## 6.2. Roles: activo, proactivo, reactivo

Al hablar de roles en la tutoría, hacemos referencia a las distintas formas de intervención, adoptadas por el tutor, en las situaciones que se le plantean.

Es cierto que en cada persona suele predominar una forma de intervenir; es un rol más dominante. Sin embargo, también lo es que, en función de la circunstancia presentada, los profesores-tutores se ven obligados a adoptar uno u otro rol.

## NOTA

Los tutores se convierten en facilitadores a través de funciones como la orientación, el asesoramiento y la guía.

La principal finalidad de todo tutor es el aprendizaje del alumnado y no la mera transmisión de contenidos. Por ello, tanto los roles del tutor presencial como *online* suelen coincidir en numerosos aspectos, dando lugar a la clasificación de tres tipos: **tutor activo, proactivo y reactivo.**

### Tutor activo

El tutor activo es propio tanto de la formación a distancia, como de la presencial.

Los tutores que adoptan este rol actúan en el mismo momento que sucede algo; no se quedan impasibles ni dan lugar a que ocurra más veces.

Por ello, intervienen de inmediato y no dejan ningún cabo suelto. Se implican en el proceso de formación y en el proceso personal de cada uno de sus alumnos. Controlan sus avances, retrocesos, obstáculos y, ante todos, ellos tienen una respuesta.

Entre sus funciones destacan:

- **Seguimiento del alumnado:** el tutor debe realizar un seguimiento exhaustivo del alumnado para poder garantizar así la consecución de los objetivos del curso.
- **Evaluación:** periódicamente realizará evaluaciones a los alumnos para establecer la consecución de los conocimientos adquiridos.
- **Control del alumnado:** todos los tutores deben ser conscientes de que el alumno está realizando el curso en el periodo indicado. En la formación a distancia, el tutor debe prestar enorme atención a la suplantación de personalidad en el curso.
- **Experto:** todo tutor debe ser experto en su materia y en las funciones que debe cumplir. Para ello, debe estar constantemente renovando sus conocimientos, así como conocer, manejar y aplicar las nuevas tecnologías a sus funciones diarias.

### Tutor proactivo

Su forma de intervenir se reconoce porque se adelanta a los posibles sucesos.

Evita que las situaciones no convenientes ocurran más de una vez y, para prevenirlo, planifica, organiza y tiene bajo control todos los elementos del proceso de enseñanza-aprendizaje.

Interviene como guía del aprendizaje, dando herramientas a los estudiantes para que creen su propio aprendizaje.

Sus funciones más notables son:

- **Asesoramiento y orientación:** el tutor proporciona al alumno un conjunto de herramientas para poder garantizar con ello el aprendizaje autónomo.
- **Búsqueda de información por parte del alumno:** el tutor debe motivar la búsqueda de información por parte del alumno, para que él sea el descubridor de sus conocimientos.

- **Observación:** el tutor debe estar siempre atento al aprendizaje del alumnado, apoyando y proporcionando las herramientas necesarias en el momento oportuno.
- **Motivación:** el tutor debe motivar constantemente a sus alumnos para seguir progresando en el conocimiento.

## Tutor reactivo

Es el tutor que actúa cuando ya ha sucedido algo, cuando cree que una situación puede convertirse en un problema o cuando alguien lo motiva para que responda.

Prefiere que las cosas sigan su curso y mantenerse al margen.

Las interacciones y *feedbacks* con el alumnado son limitados, ya que defiende la enseñanza más tradicional. Jamás traspasa la línea académica.

Las actuaciones de estos tutores son reconocibles por:

- **Metodología tradicional de enseñanza:** el formador o tutor era la única persona conocedora de la enseñanza. El alumno simplemente era un mero receptor de la información.
- **Nula interactividad entre tutor-alumno:** el alumno solo participaba en clase cuando el tutor lo creía inconveniente.
- **Tutor como experto del conocimiento:** el tutor posee todo el aprendizaje y no cree conveniente que deba formarse más.
  El tutor posee una actitud pasiva y reacia hacia el nuevo aprendizaje.
- **Evaluación:** la evaluación del alumnado simplemente se realiza mediante pruebas escritas. El tutor no considera la práctica como importante para el desarrollo de la profesión.

## ACTIVIDAD COMPLEMENTARIA

7. Observa los roles que están presentes en este curso en el que estás participando. ¿Cuál o cuáles de ellos se están desempeñando? ¿Puedes poner algún ejemplo concreto de cómo se están desempeñando?

## 6.3. Funciones del tutor

Como se ha mencionado con anterioridad, las funciones de todo tutor son muy diversas y aunque en muchos casos coinciden, sus tareas difieren en función del tipo de formación:

### Presencial

La principal función del tutor presencial en la Formación Profesional es **servir de ayuda al alumnado,** garantizando con ellos la adquisición de nuevos conocimientos, habilidades y destrezas necesarias para el desarrollo de una labor profesional o bien para el reciclaje de conocimientos en aquellas personas que se encuentran ocupadas profesionalmente.

Básicamente, el tutor presencial debe desarrollar las siguientes actitudes:

- **Facilitar** pedagógica y didáctica del contenido.
- **Dotar** al alumno de herramientas suficientes y adecuadas para la resolución de conflictos.
- **Organizar, planificar y gestionar** la formación.
- **Regular y catalizar** la buena integración del grupo y su cohesión.

### Virtual

El tutor de la modalidad virtual u *online* tiene como principal función la **dinamización, la motivación y la conducción** del aprendizaje autónomo por parte del alumnado. Esta modalidad tiene como objetivo que el alumnado adquiera su aprendizaje a través de su propia **búsqueda de información** y que sea **autónomo** en la toma de decisiones, reflexivo y analista. **El tutor deja de ser el único transmisor de conocimientos,** dando lugar a una actitud de guía, apoyo y orientación al alumnado. Se convierte en un tutor **proactivo fomentando diariamente la motivación** de los participantes ante el curso que está realizando. Por ello, toda labor de formación por parte del tutor *online* debe seguir las siguientes actitudes:

- **Actitud positiva y amable** con el alumnado.
- **Actitud formativa:** analizando los errores de las evaluaciones para evitar nuevos errores.
- **Preocupación** por el desarrollo de una mente crítica en el alumnado.
- **Fomento de la participación** activa de los participantes en el estudio.

**IMPORTANTE**

Las funciones del tutor van a depender en todo momento del tipo de rol que ejerza, ya sea proactivo, reactivo o activo, así como de la modalidad en la que se va a desarrollar el curso de Formación Profesional: presencial, semipresencial o virtual.

## 6.4. Habilidades tutoriales

Las habilidades que todo tutor debe poner en práctica durante su ejercicio profesional se caracterizan por ser **técnicas o conductuales.**

Su utilización tiene como finalidad:

- **Mejorar** en el reconocimiento, aceptación y en la transferencia de emociones respecto a los participantes.
- Asegurarse de que el **proceso de enseñanza-aprendizaje** es transparente para los estudiantes.
- **Fomentar el rigor científico** del tutor.

Entre las principales y más significativas **habilidades desarrolladas por el tutor,** se encuentran las que se describen a continuación:

- **Variación de estímulos:** es una de las habilidades más importantes en toda labor docente, pues supone el desarrollo de una vitalidad por parte del tutor manifestada en motivación e interés por parte del alumnado. Los estímulos están en constante variación tanto por parte del docente como del alumnado. Por ello, el tutor se vale de los siguientes recursos para producir dichas variaciones, fomentando el interés y la atención de los participantes en todo momento: posturas corporales, gestos, contacto continuo visual, ritmo, timbre y tono de voz, etc.
- **Sensibilización:** la sensibilización es conocida como una habilidad introductoria que fomenta la atención y el aprendizaje del alumnado. Sus principales objetivos están estrechamente relacionados con centrar al alumnado en la tarea que debe aprender, estimular su implicación en dicha tarea, crear una expectación, así como englobar dicha tarea en un marco de referencia.
- **Secuencialidad:** el desarrollo de una clase o una tutoría debe seguir un orden específico totalmente estructurado denominado secuencialidad. Todo tutor debe poseer sus propias **claves,** pero a continuación se destacan las que normalmente se deben seguir:

    - Elaborar un esquema de la tarea a desarrollar.
    - Descomponer dicha tarea en distintas fases de aprendizaje.
    - Ir de lo más sencillo a lo más complejo para que el alumno realice un aprendizaje significativo.
    - Eliminar todas las interrupciones de temas alejados a la tarea que se quiere llegar a alcanzar por el alumnado.

- **Refuerzo:** el refuerzo tiene como objetivo la perpetuación de una conducta que se considera positiva. Generalmente se habla de dos tipos:

    - **Refuerzo positivo:** el sujeto o estudiante, en este caso, se basa en la aplicación de estímulos agradables o recompensas, cada vez que la conducta deseable se repita. Por ejemplo: poner un punto positivo al alumno si sabe la respuesta a una pregunta.
    - **Refuerzo negativo:** consiste en retirar estímulos aversivos o desagradables cada vez que la conducta deseada se repite. Por ejemplo: si el alumno responde correctamente no tendrá que sentarse al final de la clase.

- **Castigo:** hay quien lo considera parte de los refuerzos anteriores, dado que la finalidad del castigo es muy similar. Al aplicarlo se busca la supresión de una conducta indeseable. Para ello, se presentan al estudiante estímulos negativos o se le priva de ciertos privilegios. Ejemplo: si no te comportas bien, te quedas sin recreo.

- **Uso del silencio:** es una forma indirecta de captar la atención. En realidad, al guardar silencio se está privando a los estudiantes de los privilegios que tendrán si atienden y se comportan correctamente.
- **Indicaciones no verbales:** esta táctica de comunicación no verbal acompaña, en muchas ocasiones, al uso del silencio del que hablábamos anteriormente. El hecho de utilizar simultáneamente este, junto con muecas, negaciones, giros o movimientos de cabeza y manos, refuerza la idea de que el comportamiento no es adecuado.

**RECUERDA**

El objetivo principal de todo proceso de tutoría está basado en la integración, la retroalimentación, la motivación y, sobre todo, el desarrollo de habilidades por parte del alumnado tras la actuación permanente y continuada del tutor.

## 6.5. Organización y planificación de las acciones tutoriales

Las **acciones tutoriales** de la Formación Profesional, tanto en la modalidad presencial como *online,* **deben seguir unos pasos:**

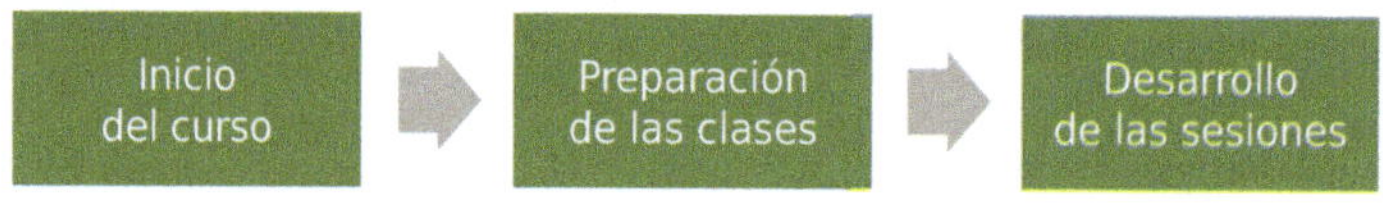


### Inicio de curso

La principal **finalidad** de este comienzo de curso es la **ruptura de las tensiones producidas por lo nuevo.** Con ello se pretende un acercamiento tanto del tutor al alumnado, como de los alumnos mutuamente. El tutor debe fomentar la integración de todos en el curso.

Las principales **acciones a realizar** son:

- **Presentación del docente.**
- **Presentación del alumnado.**
- **Presentación del curso** (objetivos, contenidos, metodología y evaluación).

## Preparación de las clases o sesiones

Todo tutor debe **garantizar el éxito de la formación.** Por ello, una **planificación adecuada y eficaz** previa al desarrollo de la clase con los alumnos es símbolo de éxito. La **preparación de una clase requiere** haber definido una serie de elementos y realizado unas **acciones concretas:**

- **Objetivos:** son las metas y logros que se esperan conseguir, en el alumnado, al finalizar una acción formativa. Es muy importante que estén claramente definidos.
- **Contenidos:** conocimientos teórico-prácticos que el alumnado debe asimilar para conseguir los objetivos de la enseñanza.
- **Actividades:** conjunto de tareas a través de las que se pretende la asimilación de los contenidos y su puesta en práctica. Su diseño se realiza en función a los contenidos, a las características de los estudiantes, a la temporalización, recursos disponibles y a la metodología predominante en el proceso de enseñanza-aprendizaje.
- **Recursos didácticos:** son los medios utilizados durante el proceso de enseñanza-aprendizaje. Potencian y facilitan el aprendizaje.
- **Metodología:** forma en que imparte el contenido, se guía el proceso de enseñanza y se provoca el aprendizaje. Está íntimamente relacionada con el rol adoptado por el docente y, por supuesto, con los resultados esperados y objetivos de enseñanza.
- **Temporalización:** es la programación temporal del proceso. En ella se determinarán el número de sesiones, su duración, los contenidos que se trabajarán en cada una de ellas y la forma de hacerlo.
- **Evaluación:** son los criterios establecidos por el currículo y concretados por el docente, para poder considerar que un estudiante ha logrado los objetivos propuestos después de realizar la acción formativa.

En el caso de la formación presencial, para el desarrollo de cada clase se deben haber seleccionado y/o secuenciado los objetivos, contenidos, actividades, etc., concretos para el desarrollo de la sesión.

*Continúa en página siguiente >>*

*<< Viene de página anterior*

En el caso de la formación virtual *(online)*, todos estos elementos deben estar diseñados y definidos previamente, y puesto que el alumnado podrá seguir su propio ritmo se darán unas orientaciones para el estudio acerca de la temporalización, navegación por el contenido, etc., debiendo planificarse de forma específica, y consensuada con el alumnado, el desarrollo o contenido de sesiones de chats o videoconferencias.

## Desarrollo de las sesiones

Toda sesión de una clase determinada para un curso concreto debe estar formada por **tres partes:**

**Introducción**
- El tutor debe introducir la unidad o la sesión mediante la realización de un resumen de lo expuesto el día anterior, presentando los objetivos a conseguir, los contenidos y los métodos y técnicas empleadas, así como la realización de actividades y su tiempo de duración.

**Desarrollo**
- En esta fase, el tutor imparte de forma detallada los contenidos de la unidad, consiguiendo con ello un aprendizaje significativo en el alumnado.

**Conclusión**
- El tutor debe realizar una síntesis de todos los puntos importantes expuestos con anterioridad, repasar y reforzar las ideas principales y, por último, evaluar al alumnado para medir los aprendizajes alcanzados por ellos.

En la **formación a virtual *(online)*,** esta planificación y la definición de estos elementos se llevará a cabo para el desarrollo de **sesiones síncronas** (chats, videoconferencias, etc.).

## EJEMPLO

**Francis es un tutor novel que se ha incorporado recientemente a una empresa encargada de desarrollar un curso de inglés básico, en modalidad presencial, para personas que van a trabajar en el sector servicios.**

**Para que la formación del alumnado en este curso se desarrolle de forma exitosa, Francis previamente ha tenido que definir sus funciones y organizar sus tareas como formador y tutor, así como planificar el desarrollo de la acción formativa. Pero, ¿qué pasos ha seguido en su organización?**

**Solución**

En primer lugar, Francis realizará su propia planificación y diseño de la acción formativa, comenzando con uno de los aspectos más importantes, que es el establecimiento de los objetivos que se pretenden conseguir con el curso: adquirir las competencias necesarias para expresarse en inglés, de forma oral y escrita, de forma correcta.

Posteriormente, para el alcance de dicho objetivo, establecerá un conjunto de contenidos como la formulación de las frases en inglés, vocabulario específico, etc.

Seguidamente, desarrollará la metodología a seguir por el alumno, que en este caso será totalmente práctica con la ayuda de radio, internet y televisión, para que el alumnado realice numerosas actividades en inglés como traducir lo que se ha escuchado en la radio, elaboración de textos en inglés, conversar, etc.

Una vez definidos los contenidos y metodología a seguir en las clases, podrá establecer la temporalización de las sesiones que deben desarrollarse durante el curso, así como la organización de cada una de ellas.

Por último, el tutor elaborará un examen con numerosos ítems y prácticas en inglés que determinarán si el alumnado ha alcanzado los objetivos del curso, garantizando con ello su nivel básico de inglés.

Una vez analizada exhaustivamente dicha planificación, Francis podrá dar comienzo al curso, comenzando con la presentación tanto de él, como tutor del curso, como del alumnado que lo compone, fomentando con ello la motivación de estos, para dar paso posteriormente al desarrollo de la planificación que ha elaborado.

## 6.6. Coordinación de grupos. Búsqueda de soluciones

El tutor de un curso de formación, ya sea presencial o virtual, no solamente debe ser transmisor del conocimiento, sino que tiene como principal función el **desarrollo al completo del curso** que dirige.

**NOTA**

El tutor debe ser respetado en todo momento, así como mostrarse empático y agradable ante todos los que le rodean.

El tutor debe, por ello, dominar **tres aspectos importantes en cuestión del grupo** de alumnos:

- **Normas:** el tutor, al comienzo de cada curso, deberá establecer unas normas específicas que consisten en el establecimiento y cumplimiento de los horarios de clase, puntualidad, faltas de asistencia y metodología a seguir en el caso de ser un curso presencial. En el caso de un curso a distancia también se establecerán metodologías, fechas de entregas y normas de obligado cumplimiento para la realización del curso.
- **Tareas:** el tutor debe controlar que los objetivos del curso sean también objetivos a conseguir por el alumnado.
- **Relaciones:** las relaciones en un grupo de alumnos son muy variadas, favoreciéndose el desarrollo de relaciones interpersonales. En este caso, y para evitar problemas, el tutor debe plantear las siguientes soluciones: fomentar el desarrollo de un clima cálido de clase en el que se inspire la confianza, reforzar la cooperación entre el alumnado, facilitar el diálogo, ayudar mutuamente en la resolución de conflictos, etc.

Y para que se desarrolle todo ello, el tutor tiene sus propias estrategias, que son: personalización de la formación, participación activa, saber escuchar, ser imparcial y fomentar la cooperación.

## ACTIVIDAD COMPLEMENTARIA

8. Identifica al menos dos tipos de problemáticas que pueden aparecer de modo continuado en el aula, evitando con ello el progreso del alumnado durante el curso. ¿Cuáles son las características de dichas problemáticas?

## 6.7. Supervisión y seguimiento del aprendizaje

## HILO CONDUCTOR

Una de las tareas fundamentales que Julia y Roberto deben llevar a cabo en el curso es el seguimiento del alumnado, ¿de qué forma llevarán a cabo esa tarea en esta modalidad formativa?

En todo proceso formativo, el **tutor** tiene una **tarea fundamental** consistente en la **supervisión y el seguimiento del alumnado** en su proceso de aprendizaje. Pero este seguimiento puede ser entendido de dos formas:

- Como un **proceso de evaluación** por parte del tutor al alumnado, tras los resultados obtenidos en su formación.
  En este sentido, Roberto y Julia tendrán que realizar la evaluación, tanto de la parte *online*, dentro del aula virtual, como de la parte práctica que se lleva a cabo en clase. Los resultados obtenidos por el alumnado le permitirán saber si realmente están asimilando el contenido.
- Como un **proceso de apoyo y refuerzo** al alumnado, con la finalidad de la consecución de un puesto de trabajo o bien una progresión en la ocupación que está realizando.
  Julia y Roberto no pueden olvidar que, además de los resultados, es importante que sigan de cerca las acciones de cada participante en el curso, de este modo podrán saber si están actuando en la dirección correcta para la consecución de los objetivos planteados e intervenir si el proceso no está dando los resultados deseados.

NOTA

Tanto en un sentido como en otro, el seguimiento del aprendizaje del alumnado por parte del tutor tiene una finalidad muy concreta: el control del proceso del aprendizaje, puesto que su eficacia dará lugar al desarrollo futuro de una actividad laboral por parte del alumnado de Formación Profesional.

En relación a las **características metodológicas** de este seguimiento, destacan las siguientes: planificado, formativo, participativo, coordinado, continuo y efectivo.

Por otro lado, referente a los principales **agentes seguidores del aprendizaje tutorial** destacan: el tutor o tutora, el alumnado, el personal del centro o la empresa de formación y su gestor formativo, el personal administrativo y, en último lugar, el director o directora del centro.

## Instrumentos de seguimiento del aprendizaje

HILO CONDUCTOR

Para llevar a cabo el seguimiento, Roberto y Julia utilizarán una serie de instrumentos que le facilitarán la tarea, ahora tienen que decidir cuáles son los más adecuados para la acción formativa que se está desarrollando.

Los principales **instrumentos utilizados por el tutor en el proceso de seguimiento** del aprendizaje son: cronograma, lista de cotejo, matriz de responsabilidad, hoja de observación, cuestionario, entrevista y registro de incidencias.

### *Cronogramas*

Interpretación de una acción específica, que tiene lugar en un tiempo determinado y que está representada en un gráfico.

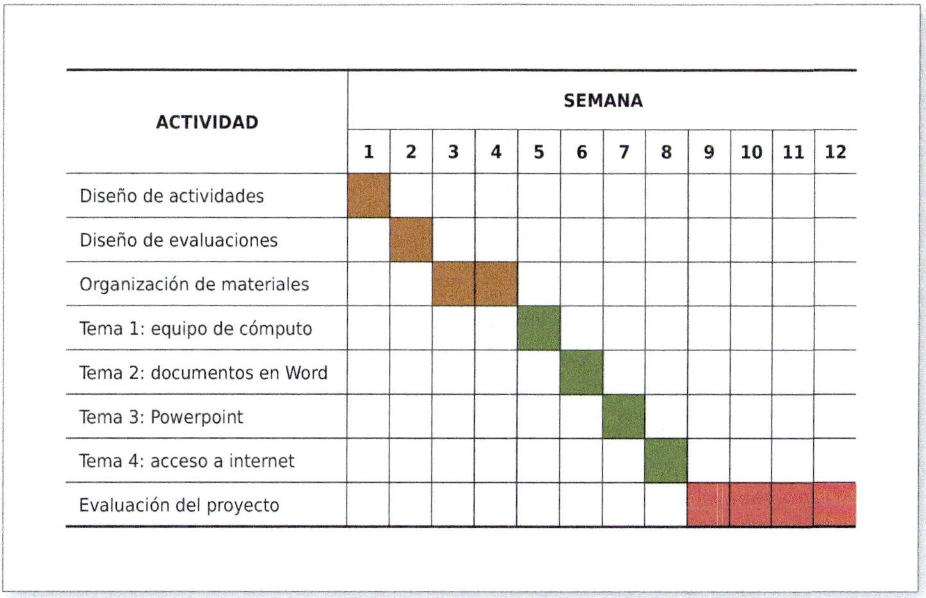

| ACTIVIDAD | SEMANA | | | | | | | | | | | |
|---|---|---|---|---|---|---|---|---|---|---|---|---|
| | 1 | 2 | 3 | 4 | 5 | 6 | 7 | 8 | 9 | 10 | 11 | 12 |
| Diseño de actividades | | | | | | | | | | | | |
| Diseño de evaluaciones | | | | | | | | | | | | |
| Organización de materiales | | | | | | | | | | | | |
| Tema 1: equipo de cómputo | | | | | | | | | | | | |
| Tema 2: documentos en Word | | | | | | | | | | | | |
| Tema 3: Powerpoint | | | | | | | | | | | | |
| Tema 4: acceso a internet | | | | | | | | | | | | |
| Evaluación del proyecto | | | | | | | | | | | | |

## *Lista de cotejo*

Es la forma utilizada para la evaluación de las conductas, las habilidades y los contenidos adquiridos por el alumnado en su proceso de formación.

| Desarrollo | Sí | No | % |
|---|---|---|---|
| + *Atendió las instrucciones para la recepción de información* | | | |
| 1. Identificó el problema de manera adecuada | | | |
| 2. Tomó notas de manera completa | | | |
| 3. Utilizó la información recabada para hacer ejercicio | | | |
| 4. Utilizó herramientas para identificar conceptos importantes | | | |
| 5. Trabajó su material completo | | | |
| 6. El trabajo se encuentra en su libreta correspondiente a la asignatura | | | |
| 7. Utilizó diversos colores | | | |
| 8. Los apuntes tomados están completos | | | |
| 9. Contiene todos los acuerdos que se toman | | | |
| 10. Resolvió el problema adecuadamente | | | |

## *Matrices de responsabilidad*

Se utilizan para relacionar las actividades planteadas en un curso con los componentes del mismo, para que todos participen llegando a la consecución de los objetivos del curso.

| Actividad / Recurso | Ricardo | Esteban | Lucía | Mariana |
|---|---|---|---|---|
| Investigación | R | I | I | A |
| Planificación | C | A | R | I |
| Desarrollo | | | A | R |
| Verificación de Errores | I | R | | A |

## *Hojas de observación*

También denominadas fichas de observación, en las cuales se recogen, mediante una observación sistemática, todos los datos específicos que se han realizado en una tarea.

| N.º DE ORDEN | ESTUDIANTES | ACTITUDES | | | | | | | | | | PUNTAJE | OBSERVACIONES |
|---|---|---|---|---|---|---|---|---|---|---|---|---|---|
| | | Llega a la hora indicada | Cuida el patrimonio institucional | Pide la palabra levantando la mano | Ayuda a sus compañeros | Respeta a sus docentes | Emplea vocabulario adecuado | Respeta el orden | Respeta las diferencias | No camina por el aula sin permiso | Demuestra aseo personal | | |
| | | | | | | | | | | | | | |
| | | | | | | | | | | | | | |
| | | | | | | | | | | | | | |
| | | | | | | | | | | | | | |
| | | | | | | | | | | | | | |
| | | | | | | | | | | | | | |
| | | | | | | | | | | | | | |
| | | | | | | | | | | | | | |
| | | | | | | | | | | | | | |
| | | | | | | | | | | | | | |
| | | | | | | | | | | | | | |
| | | | | | | | | | | | | | |
| | | | | | | | | | | | | | |

VALORACIÓN 2 = Siempre 3 = A veces 4 = nunca

## *Cuestionarios*

Conjunto de preguntas establecidas en un orden concreto con la finalidad de obtener información por la persona que las realiza.

7. La educación ambiental tiene entre sus objetivos proporcionar herramientas al ciudadano para que conozca las relaciones del ambiente y la existencia de entidades y normas que lo protegen. Esto se hace con el fin de que el ciudadano:

A. aprenda a disfrutar de la naturaleza y a proteger la vida silvestre.
B. conozca las leyes y los tratados nacionales e internacionales para la protección del ambiente.
C. conozca el impacto ambiental de la producción agrícola e industrial sobre los ecosistemas.
D. aprenda a reconocerse como parte del ambiente para actuar responsablemente.

8. A comienzos de la década de los 50 el amazonas era un territorio poco conocido, pero dada su exuberancia se promovió su colonización y el consecuente aprovechamiento agrícola. Al cabo de unos diez años la mayor parte de los suelos pasaron a ser tierras estériles. Esta catástrofe se ha producido porque:

A. el aumento de la temperatura del suelo, a causa de la exposición directa al Sol ha degradado los nutrientes del suelo.
B. no se han tenido en cuenta las características de los suelos ni las rutas a través de las cuales circulan los nutrientes en la selva.
C. dadas las condiciones climáticas de la selva, los nutrientes necesarios para el crecimiento de las plantas se reciclan lentamente.
D. el río Amazonas y sus afluentes inundan el suelo durante el invierno y lo cubren con sedimentos provenientes de la erosión.

9. Cuando un suelo se utiliza demasiado para la agricultura, sin los cuidados requeridos, se deteriora y pierde nutrientes. Una via por la cual se remueven los nutrientes del suelo es:

A. La descomposición de los restos de las plantas que quedan en el suelo luego de la cosecha, porque durante su descomposición se agotan los nutrientes del suelo.
B. el uso de abonos orgánicos, los cuales necesitan de bacterias anaeróbicas para descomponerlos, gastando así el oxígeno del suelo.
C. la remoción de las cosechas ya que éstas en su descomposición incluyen elementos químicos que han tomado del suelo.
D. La transpiración de las plantas a través de sus hojas, porque muchos de los elementos del suelo se evaporan con el agua.

## *Entrevista*

Proceso de comunicación interpersonal entre dos sujetos (entrevistador y entrevistado) con el objetivo de obtener información del entrevistado mediante la realización de numerosas preguntas.

*Ejemplo de entrevista*

### *Registro de incidencias*

Consiste en la búsqueda y la anotación de anomalías que puedan ocurrir en una tarea determinada.

| **N.º INCIDENCIA** | | **FECHA** | | **HORA** |
|---|---|---|---|---|
| TIPO DE INCIDENCIA | | | | |
| DESCRIPCIÓN: | | | | |
| EFECTOS DERIVADOS: | | | | |
| MEDIDAS CORRECTORAS: | | | | |
| PERSONA QUE COMUNICA LA INCIDENCIA | | | | |
| PERSONA QUE RECIBE LA COMUNICACIÓN | | | | |

## TAREA 4

A continuación se presentan dos casos que pueden tener lugar durante el desarrollo de una acción formativa en modalidad virtual *(online)* y en modalidad presencial.

*Continúa en página siguiente >>*

*<< Viene de página anterior*

**Caso 1**

- En un curso en modalidad presencial, durante la corrección de las actividades, el tutor ha detectado que uno de los participantes no comprende bien el contenido, pero en clase no ha dicho nada y parece que lo entendiera todo perfectamente.

**Caso 2**

- En un curso en modalidad virtual, dos de los participantes actúan de forma muy individualizada, y ni siquiera responden a los debates planteados en los foros.

Describe la figura y funciones principales que debe desempeñar el formador-tutor en cada uno de estos casos, para solucionar dichas situaciones.

### TAREA 5

En el caso de Cristina, la chica que está realizando su formación en el sector hostelero mediante modalidad semipresencial, y a la cual no se le dan bien los idiomas, su tutor ha conseguido motivarla para que no abandone el proceso formativo, pero ahora debe alcanzar sus objetivos, ¿cuál es el rol más adecuado por parte del tutor hacia este caso? ¿Qué funciones ha desempeñado y debe seguir desempeñando el tutor para que Cristina cambie de actitud y no decida abandonar el curso? ¿Y para que finalmente, Cristina alcance los objetivos que persigue?

Dado que es un tipo de formación semipresencial, ¿las tareas a desempeñar por el tutor serán las mismas en la parte *online* que en la presencial?

## 7. Resumen

Para el desarrollo de una acción del **Sistema de Formación Profesional** es imprescindible la realización de una buena **acción tutorial,** ya sea en base a una formación presencial, semipresencial o virtual, las cuales aportarán los conocimientos, las habilidades y las destrezas necesarias para la ejecución de una labor profesional o, incluso, el reciclaje de conocimientos de aquellos profesionales que se encuentran activos laboralmente.

En las acciones formativas, el tutor desempeña diferentes **roles,** cada uno de ellos con unas características y funciones determinadas:

Este proceso requiere de una compleja **formación por parte del tutor,** el cual debe desarrollar continuamente sus **habilidades docentes,** y poner en práctica estrategias tutoriales que den lugar al desarrollo por parte del alumnado de un aprendizaje autónomo. En este aprendizaje, un factor muy importante a destacar es el uso de las TIC, favoreciendo activamente el desarrollo y el aprendizaje del alumnado.

Dentro de las **estrategias tutoriales** que el docente puede aplicar se encuentran:

- Búsqueda de entretenimiento entre el alumnado para ser un tutor más eficaz.
- Ser consciente de las expectativas del alumnado, así como de sus expectativas como tutor.
- Seguimiento de un conjunto de reglas orientativas.
- Ser transmisor de conocimientos para que el alumnado pueda desempeñarlos ante la resolución de sus problemas.
- Conocer a los participantes en todos sus aspectos: sociales, cognitivos, actitudinales, etc.
- Ser una persona abierta, humilde y empática.

Para que todo este enorme trabajo del tutor obtenga su fruto de manera satisfactoria, este debe realizar una **labor de seguimiento y apoyo** con el alumnado de forma permanente, garantizándose con ello su acceso al mercado laboral y su progresión en él.

Para ello, el tutor cuenta con una serie de **instrumentos,** como son:

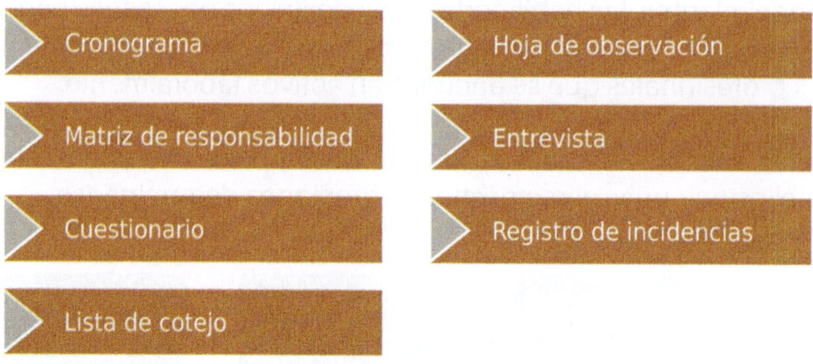
Cronograma
Matriz de responsabilidad
Cuestionario
Lista de cotejo
Hoja de observación
Entrevista
Registro de incidencias

## Ejercicios de autoevaluación Unidad de Aprendizaje 1

**1. Relaciona las siguientes definiciones con el término que le corresponda:**

a. Modalidad de formación caracterizada por un estilo tradicional que se ha realizado desde el comienzo de los tiempos y que aún se sigue realizando.
b. Formación basada en un proceso de enseñanza o aprendizaje electrónico mediante la utilización de internet unida a recursos pedagógicos.
c. Modalidad de formación que favorece el desarrollo de dos tipos de educación: virtual y presencial.

_ Educación presencial
_ Educación semipresencial
_ Educación virtual *(online)*

**2. Ordena los pasos a seguir por el tutor de un grupo de alumnos en el desarrollo de una clase presencial.**

_ Contenidos
_ Recursos didácticos
_ Evaluación
_ Actividades
_ Temporalización
_ Objetivos
_ Metodología

**3. Completa las siguientes oraciones con los siguientes términos: comunicación asíncrona, formación virtual y comunicación síncrona.**

La ______________________________ es el sistema a través del cual se imparte la formación a distancia mediante elementos de ______________________________ que permiten que el proceso informativo se lleve a cabo a través de charlas, teleconferencias, etc.; o bien mediante elementos de ______________________________ que permiten que el proceso informativo sea realizado a través de foros o *e-mail*.

**4. Encuentra los errores de las siguientes definiciones:**

La tutoría es el proceso de orientación llevado a cabo por el director del centro, así como por los profesores del alumno, con el objetivo de conseguir la no formación integral del alumnado en sus aspectos afectivos, sociales, cognitivos, etc.

La orientación es el proceso educativo que se realiza en un periodo corto de la vida del alumno, ya sea por parte del tutor, profesor, padre, amigos, etc., dependiendo del contexto donde se encuentre en ese momento la persona, cuya finalidad es que la persona desarrolle un único tipo de habilidad, capacidad y actitud para su futuro profesional.

**5. La principal función que debe cumplir todo orientador en el proceso de Formación Profesional es:**

a. Contribuir en la búsqueda de la ocupación más acorde con el alumno, garantizando un puesto de trabajo o reciclaje de los conocimientos.
b. Contribuir en la mejora de la cualificación profesional de los alumnos, permitiendo su incorporación en el mercado laboral o desarrollo de su aprendizaje en su ocupación.
c. Contribuir en el progreso formativo del alumno mediante el reciclaje de sus conocimientos.
d. Todas las opciones son incorrectas.

**6. De las siguientes frases, indica cuál es verdadera o falsa.**

a. El estilo de aprendizaje teórico está basado en la racionalidad, analizando exhaustivamente todo el proceso y finalizando con la realización de una síntesis.

- Verdadero
- Falso

b. El estilo de aprendizaje pragmático se caracteriza por favorecer el desarrollo de una actitud humilde, observadora y analista.

- Verdadero
- Falso

c. El estilo de aprendizaje activo está basado en la experiencia y el descubrimiento.

- Verdadero
- Falso

**7. Enumera las principales estrategias llevadas a cabo por el tutor en el proceso de orientación.**

______________________________________________

______________________________________________

______________________________________________

______________________________________________

**8. ¿Cuál de las siguientes características metodológicas no pertenecen al seguimiento realizado por el tutor hacia el alumno?**

a. Participativo
b. Coordinado
c. Continuo
d. Exigente
e. Planificado
f. Efectivo
g. Formativo
h. Administrativo

**9. Las habilidades y las funciones a desarrollar por el tutor son dos aspectos imprescindibles en toda acción tutorial. Separa correctamente las habilidades de las funciones del tutor.**

- Ayuda al alumno.
- Variación de estímulos.
- Uso del silencio.
- Indicaciones no verbales.
- Sensibilización.
- Orientación.
- Control de la comprensión.
- Refuerzo.
- Castigo.
- Planificación de la formación.
- Fomentar la integración y la interacción en el grupo.
- Secuencialidad.

- Recapitulaciones e integraciones de conocimientos.
- Motivación.
- Conducción del aprendizaje.

**10. El tutor activo tiene como principales funciones...**

a. ... seguimiento del alumnado, evaluación, control del alumnado y experto.
b. ... seguimiento del alumnado, control del alumnado, asesoramiento y orientación.
c. ... seguimiento del alumnado, evaluación, control del alumnado y motivación.
d. Todas las opciones son incorrectas.

**11. Define las siguientes palabras y explica la característica principal que las relaciona: formación, modalidades de formación, tutoría y orientación.**

_______________________________________________
_______________________________________________
_______________________________________________
_______________________________________________
_______________________________________________
_______________________________________________
_______________________________________________

Unidad de Aprendizaje 2

# Desarrollo de la acción tutorial

## Contenido

1. Introducción
2. Características del alumnado
3. Temporalización de la acción tutorial
4. Realización de cronogramas
5. Diseño de un plan de actuación individualizado
6. Resumen

## Objetivos

El objetivo específico de esta Unidad de Aprendizaje es:

→ Proporcionar habilidades y estrategias personalizadas de mejora al alumnado para favorecer su aprendizaje, en formación presencial y en línea, supervisando su desarrollo.

# 1. Introducción

Con la entrada en vigor del Real Decreto 659/2023, de 18 de julio, por el que se desarrolla la ordenación del Sistema de Formación Profesional, la concepción que hasta el momento se tenía de la Formación Profesional ha variado notablemente.

Entre las modificaciones introducidas, ha destacado el cambio de las modalidades de FP, que pasó de cuatro variantes con distintos destinatarios, perfiles y requisitos, a las nuevas modalidades implantadas por dicha normativa en el año 2023, entre las que destacan en el capítulo IV del R. D. 659/2023, las siguientes secciones:

- Sección 1.ª Formación presencial y virtual.
- Sección 2.ª Formación modular.
- Sección 3.ª Modalidad dirigida a personas con necesidades educativas o formativas especiales.
- Sección 4.ª Modalidad dirigida a personas con especiales dificultades formativas o de inserción laboral.
- Sección 5.ª Modalidad destinada al personal militar.
- Sección 6.ª Modalidad destinada a personas en situación de privación de libertad.
- Sección 7.ª Otros programas formativos.
- Sección 8.ª Programas formativos en empresa u organismo equiparado.

Aun así, en todas ellas la labor del tutor es indispensable. Su figura se configura como pilar de la labor educativa, de acompañamiento y guía a los estudiantes, y de gestor de contenidos.

Por ello, entre sus principales funciones, deberá **proporcionar información** sobre los **destinatarios** a los cuales se dirigen dichos **cursos** y los **requisitos** que deben reunir estos para poder realizarlos, la **temporalización** del curso que se va a llevar a cabo, así como el **diseño** y la **elaboración** de un **plan de acción tutorial** individualizado para cada uno de los alumnos del curso.

Para ello, nos basaremos en el caso de la empresa de formación Paideia, que está impartiendo el certificado profesional HOTG0108. Creación y gestión de viajes combinados y eventos.

Durante el proceso, Julia y Roberto tienen que llevar a cabo el Plan de Acción Tutorial, teniendo muy en cuenta al alumnado desde el principio y realizando un seguimiento detallado de las actuaciones que llevan a cabo, de forma que puedan realizar las modificaciones e intervenciones necesarias para que el proceso se desarrolle de forma satisfactoria.

## 2. Características del alumnado

Como se venía introduciendo, con el cambio normativo también se produjeron modificaciones en las modalidades de Formación Profesional. Con ellas, también varió el tipo de alumnado destinatario de estas acciones formativas y, por supuesto, sus características.

Para entenderlo todo con mayor profundidad, analicemos brevemente las nuevas modalidades de la oferta de FP:

- **Formación presencial, semipresencial y virtual:** hace referencia a las características, necesidades y perfiles de las personas que acceden a dicha formación, así como a las características propias de su oferta.
- **Formación modular:** en ella, los programas de Grados C, D y E podrán ser estructurados de manera modular, comenzando desde un módulo profesional, para adaptarse a las circunstancias personales y laborales de los estudiantes, así como a su ritmo individual de aprendizaje. La estructura modular de los programas de Grados C, D y E permitirá a los estudiantes completar su formación de acuerdo a sus necesidades específicas y su ritmo de aprendizaje personal.
  Las autoridades promoverán la expansión de la oferta modular de formación profesional al vincularla con la oferta completa de cursos existente, priorizando sectores en crecimiento o que estén generando empleo.
- **Modalidad dirigida a personas con necesidades educativas o formativas especiales:** dirigida a personas que posean algún tipo de necesidad educativa, la cual le impida incorporarse a la modalidad ordinaria. Deben tener cumplidos los dieciséis años y no haber obtenido el graduado en Educación Secundaria obligatoria.
- **Modalidad dirigida a personas con especiales dificultades formativas o de inserción laboral:** su finalidad reside en ofrecer, por parte de las administraciones competentes, una oferta curricular que promueva la obtención de cualificaciones profesionales y de integración social a las siguientes personas:

  - Mayores de dieciséis años sin previa cualificación y activas en el mundo laboral, permitiendo la obtención de un certificado profesional o título de FP.
  - Mayores de dieciséis años, con nacionalidad extranjera y que posea dificultades para incorporarse en el sistema educativo.

- Personas con riesgo de exclusión social.

- **Modalidad destinada al personal militar:** cuya finalidad está basada en el desarrollo de oportunidades tanto personales como profesionales para el personal militar. Son las Fuerzas Armadas, adscritas al Ministerio de Educación y Formación Profesional, las encargadas de impartir dicha formación en los centros que posean autorización, en cualquier modalidad: presencial, virtual completa o modular.
- **Modalidad destinada a personas en situación de privación de libertad:** la cual viene determinada y desarrollada en el marco del Sistema de Formación Profesional y el Real Decreto 190/1996, de 9 de febrero, por el que se aprueba el Reglamento penitenciario, teniendo como finalidad la dirección de personas sin libre acceso a la libertad, garantizando con ello su mejora de la cualificación profesional y su inserción en la vida real.
- **Otros programas formativos:** su principal objetivo es que la población que se encuentre en activo pueda acceder y lograr con ello una formación de educación secundaria postobligatoria, acreditada por el Sistema de Formación Profesional en los Grados A, B, C y D de grado medio.
- **Programas formativos en empresa u organismo equiparado**: es la formación cuyo diseño está estrechamente relacionado con la actividad de una empresa, por lo que deberá ajustarse a las necesidades formativas detectadas en sus trabajadores. Su finalidad es la obtención por parte de los trabajadores de un certificado profesional de nivel 2 o un título de Técnico de Formación Profesional. Según el punto 4, del artículo 51, requisitos y articulación de los programas formativos en empresa u organismo equiparado, el desarrollo de estos programas requerirá:

a. *La solicitud de autorización por la empresa a la Administración competente en formación profesional, a efectos de reconocimiento, certificación y registro y, en su caso, financiación.*

b. *La suscripción de un convenio u otra fórmula jurídica de colaboración entre la empresa u organismo equiparado, la administración educativa y la administración laboral, que se mantendrá en el tiempo incorporando las solicitudes de programas formativos de formación profesional realizados anualmente.*

**NOTA**

Las ocho modalidades de Formación Profesional vienen fijadas en el capítulo IV del Real Decreto 659/2023, de 18 de julio.

Ahora bien, una vez delimitadas las modalidades de FP, así como las personas que pueden acceder a cada uno de ellos, llega el momento de concretar las características y requisitos de estos grupos poblacionales.

## 2.1. Características para el acceso a la formación

### HILO CONDUCTOR

Laura es una joven de 25 años, que aunque decidió dejar los estudios tras terminar la Enseñanza Secundaria Obligatoria, desempeña muy bien su trabajo en el pequeño hotel familiar del cual es recepcionista, ya que es una persona con la que es muy agradable tratar y, además de su idioma materno (español) y paterno (francés), habla inglés.

Pero no tiene estudios relacionados con el sector en el que trabaja, por lo que ha decidido formarse, ¿podrá acceder a la Formación Profesional?

Ya hemos visto cuáles son los grandes grupos destinatarios de las acciones formativas, sin embargo, si quieren acceder a la FP necesitarán reunir ciertas características y requisitos que analizaremos tanto en este, como en el siguiente apartado.

Las características de los destinatarios de las acciones de Formación Profesional, vienen determinadas en el capítulo IV. Modalidades de la oferta de Formación Profesional, diferenciadas en ocho secciones.

Para cada modalidad formativa, se recogen estas especificaciones:

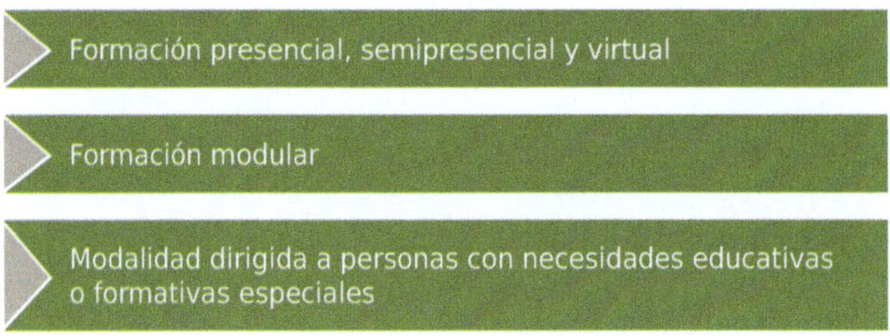


*Continúa en página siguiente >>*

<< Viene de página anterior

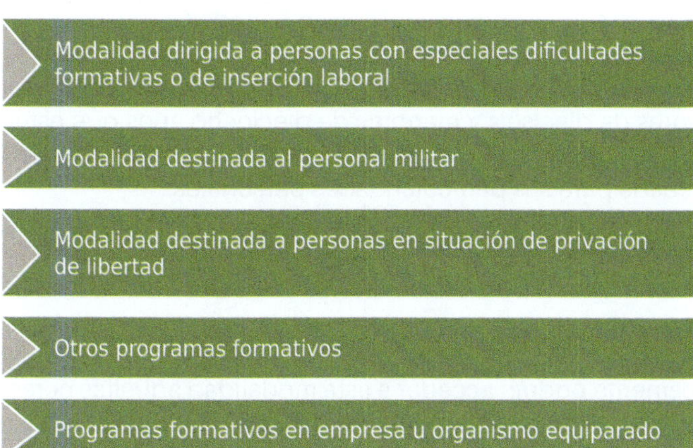


## Formación presencial, semipresencial y virtual

Las proporciones adecuada en el contexto de los establecimientos que brinden programas de Grados A, B y C en la modalidad virtual, deberían ser de 35 individuos por instructor, docente, tutor o especialista; una relación que las autoridades podrán ajustar según las particularidades de la oferta formativa, los participantes y sus requerimientos específicos.

La oferta de educación profesional en modalidades semipresencial y virtual, posibilitará la combinación entre la formación y las obligaciones laborales u otros compromisos, así como con situaciones personales que puedan dificultar la asistencia a clases presenciales.

La educación profesional en modalidades semipresencial y virtual estará estructurada de manera que facilite al estudiante un proceso de aprendizaje organizado según una metodología adecuada a la modalidad de enseñanza, que cumpla con los requisitos de accesibilidad del Diseño Universal para el Aprendizaje y de seguimiento del proceso individual de aprendizaje, así como con la orientación tutorial.

## Formación modular

Tiene como destinatarios a personas mayores de dieciocho años, e incluso, aquellos alumnos que necesiten, a pesar de haber superado la acreditación por competencias profesionales, un Grado de formación profesional. Así mismo, se incluyen en esta categoría, los individuos con certificado profesional y/o título de Técnico y Técnico Superior.

De forma excepcional, se autorizará el ingreso a esta modalidad a individuos mayores de dieciséis y menores de dieciocho años que estén activos en el mercado laboral, siempre que se determine que dicha modalidad es la más adecuada para sus particularidades personales.

## Modalidad dirigida a personas con necesidades educativas o formativas especiales

Únicamente podrán acceder a esta modalidad aquellas personas cuyas discapacidades o necesidades específicas de apoyo les impidan participar en la modalidad ordinaria y alcanzar los resultados de aprendizaje de manera exitosa, incluso con medidas y alternativas organizativas y metodológicas para la atención a la diversidad e inclusión.

Para los jóvenes matriculados en instituciones del sistema educativo, deben cumplir con los siguientes requisitos adicionales:

a. Ser mayor de dieciséis años al inicio de la formación o, de forma excepcional, tener quince años, si todo el personal docente y orientador lo considera la opción más adecuada.
b. Obtener el consentimiento del estudiante y, en caso necesario, de los padres o tutores legales.
c. No haber obtenido el título de graduado en Educación Secundaria Obligatoria, en el caso de que se trate de una oferta de Grado D o de un ciclo formativo de grado básico. En tal situación, la oferta se centrará en certificados profesionales.

## Modalidad dirigida a personas con especiales dificultades formativas o de inserción laboral

Las autoridades pertinentes pueden ofrecer programas específicos de formación profesional en esta modalidad, dirigidos a los siguientes grupos con el objetivo de mejorar su cualificación profesional e integración social:

a. Individuos mayores de dieciséis años sin cualificación laboral, ya sean activos en el mercado laboral o hayan abandonado el sistema educativo, con el propósito de ayudarles a obtener un certificado profesional o un título de formación profesional.

b. Personas mayores de dieciséis años que no hayan tenido experiencia académica en el sistema educativo español y que enfrenten dificultades para integrarse en él.
c. Grupos o individuos marginados en el mercado laboral o en situación de riesgo de exclusión social.

## Modalidad destinada al personal militar

Las ofertas de educación profesional en esta modalidad se dirigen únicamente al grupo de personal militar y se regirán por lo dispuesto en su normativa específica, siempre y cuando no entre en conflicto con la regulación del Sistema de Formación Profesional. Los centros de enseñanza militar podrán ajustar los planes de estudio según las particularidades del entorno laboral de las Fuerzas Armadas.

## Modalidad destinada a personas en situación de privación de libertad

Las ofertas educativas en esta modalidad:

a. Pueden integrar módulos de formación adicional apropiados para mejorar las oportunidades laborales del grupo al que va dirigida la formación.
b. Se realizará preferentemente de manera presencial, aunque excepcionalmente podría ser virtual en situaciones debidamente justificadas y bajo los términos acordados en la autorización de la oferta.
c. Podrían incluir propuestas dirigidas a individuos con necesidades educativas o formativas especiales, en caso de que estén abiertas a personas con discapacidad.

## Otros programas formativos

Los programas formativos adicionales se refieren a aquellos que, además de ofrecer formación complementaria adaptada a las necesidades especiales del grupo destinatario para facilitar la adquisición de competencias básicas de la educación básica y el inicio de un itinerario formativo personalizado, tienen una duración flexible y cumplen con los siguientes requisitos:

a. No tienen la misma estructura que ninguna oferta formativa de ningún grado incluida en el Catálogo de Ofertas de Formación Profesional.
b. Están compuestos, al menos en un 75 % de su duración, por uno o más módulos profesionales del Catálogo Modular de Formación Profesional.

**NOTA**

La responsabilidad de diseñar específicamente cada uno de estos programas recae en la Administración competente.

### Programas formativos en empresa u organismo equiparado

Entre los principales requisitos y articulaciones de esta sección 8.ª, destacan:

- Las empresas u organismos similares tienen la posibilidad de diseñar y ejecutar programas de formación del Sistema de Formación Profesional dirigidos a sus empleados.
- En esta modalidad, se priorizará la implementación de programas de formación dirigidos a individuos que hayan abandonado el sistema educativo y carezcan de una titulación profesional, cuya finalización progresiva conduzca a la obtención de un certificado profesional de nivel 2 o a un título de Técnico de Formación Profesional.

Los programas de formación en empresas estarán estructurados mediante la selección de módulos profesionales o resultados de aprendizaje del Catálogo Modular de Formación Profesional, los cuales serán decididos en conjunto por la empresa u organismo equivalente, en colaboración, si corresponde, con el centro de formación. Además, la empresa podrá agregar complementos formativos relacionados con aspectos o procesos específicos de su actividad empresarial, con un límite de hasta el 25 % del programa total.

## 2.2. Requisitos del alumnado para acceder a la Formación Profesional

**HILO CONDUCTOR**

Tras comprobar que tiene posibilidades de acceder a la Formación Profesional, Laura ha encontrado el certificado profesional HOTG0108. Creación y gestión de viajes combinados y eventos que imparte la empresa de formación Paideia, ubicada en una localidad vecina, ¿podrá acceder a dicho curso?

Además de todas las características sociolaborales que deben cumplir los participantes en las acciones formativas y, que hemos resumido anteriormente, el Real Decreto 659/2023, de 18 de julio, establece ciertos requisitos que, en función del nivel de cualificación profesional al que se quiera acceder, deberán poseer los participantes en la formación.

Todos ellos son recogidos en su artículo 67 en el capítulo III. Grado C. Certificado Profesional, quedando expuestos de la siguiente forma:

1. *"El Grado C constituye una oferta formativa del Sistema de Formación Profesional asociada a un perfil profesional con significación en el mercado laboral, destinada, de preferencia, a las personas trabajadoras o a jóvenes mayores de dieciocho años. Excepcionalmente podrán cursarlos jóvenes mayores de 16 años que hayan abandonado el sistema educativo.*
2. *Los certificados profesionales, Grado C, podrán ser de nivel 1, 2 y 3, en función de los estándares de competencia a que estén asociados sus módulos profesionales.*
3. *Las ofertas de Grado C deberán tener por objeto exclusivamente módulos profesionales incluidos previamente en el Catálogo Modular de Formación Profesional y asociados al Catálogo de Estándares de Competencias Profesionales.*
4. *Los certificados profesionales tendrán carácter parcial y acumulable del Sistema de Formación Profesional, cuando existan grados D en los que sus módulos profesionales se encuentren contenidos en su totalidad o en parte".*

Así mismo, en el artículo 75, se determina el acceso a un certificado profesional, dependiendo de su nivel 1, 2 o 3, siendo sus principales requisitos, los siguientes:

- Para obtener un certificado profesional de nivel 1 no se necesitan requisitos académicos o profesionales previos, aunque es necesario tener habilidades de comunicación suficientes para facilitar el proceso de aprendizaje. En caso de que se requieran competencias básicas adicionales, la oferta formativa correspondiente podría incluir complementos de formación para este fin. Estos complementos estarán directamente relacionados con los centros de educación para personas adultas para asegurar su reconocimiento, ya sea de manera directa o a través de un proceso de acreditación de competencias básicas que sea establecido por la normativa.
- Para obtener un certificado profesional de nivel 2 se necesita haber completado la Educación Secundaria Obligatoria o poseer un título equiva-

lente reconocido, obtener un certificado profesional de nivel 2, contar con un certificado de competencia incluido en la oferta formativa, o tener un certificado profesional de nivel 1 en la misma área profesional.

- Para obtener un certificado profesional de nivel 3 se requiere tener el título de Técnico o Técnico Superior, el título de Bachillerato o equivalente reconocido, obtener un certificado profesional de nivel 3, contar con un certificado de competencia incluido en la oferta formativa, o tener un certificado profesional de nivel 2 en la misma área profesional.

### PARA SABER MÁS

El Real Decreto 34/2008, de 18 de enero, por el que se regulan los certificados profesionales, queda derogado con la excepción indicada por el vigente **Real Decreto 659/2023, de 18 de julio,** por el que se desarrolla la ordenación del Sistema de Formación Profesional.

### ACTIVIDAD COMPLEMENTARIA

9. Reflexiona sobre los requisitos para el acceso a la FP. ¿Crees que las personas desempleadas poseen mayores ventajas que las personas que se encuentran activas laboralmente a la hora de poder realizar cursos de Formación Profesional?

## 2.3. Características personales del alumnado

### HILO CONDUCTOR

Laura finalmente ha podido acceder a la acción formativa en la que estaba interesada.

Aunque cuando le han dado la información sobre la misma se ha sentido un poco insegura; el curso se realizará mediante modalidad semipresencial, y ella nunca ha realizado formación *online*, aunque le tranquiliza que al menos incluye algunas sesiones presenciales, ¿estará preparada para realizarlo?

La formación que tiene como destinatarios a personas adultas suele ser de forma general, la **educación semipresencial o virtual** ***(online)***, por las características de la propia modalidad formativa. Esto, unido a las circunstancias de los destinatarios, hace necesarias una serie de **habilidades, capacidades y características** por parte de los mismos, que garanticen el éxito de la acción formativa:

- **Experiencia:** las personas adultas ya tienen un bagaje experiencial, del cual parten para dar significado a los nuevos conocimientos, por lo que la acción formativa debe ser muy práctica, basada en situaciones reales, de forma que el alumnado pueda reconstruir sus esquemas y conseguir un aprendizaje significativo.
- **Responsabilidad:** las personas adultas reconocen la necesidad de aprender, el tiempo y esfuerzo que deben dedicar a la acción formativa, por lo que serán responsables para alcanzar los objetivos y así cubrir sus necesidades.
- **Motivación:** las personas adultas, una vez que han decidido realizar la acción formativa, afrontan el proceso con una fuerte motivación hacia el aprendizaje, que el personal docente debe fomentar en todo momento.
- **Consenso:** las relaciones tutoriales deben desarrollarse de forma que el tutor o tutora no sea quien tome las decisiones, sino que reconduzcan la acción y sirvan de guía al alumnado, y cualquier acción o tarea que se desarrolle y afecte al desarrollo del proceso de aprendizaje se consensuará antes con el alumnado.
- **Control de aprendizaje:** al llevar a cabo un aprendizaje autónomo, el alumnado necesita tener claro en todo momento cómo se va desarrollando el proceso, por lo que debe recibir de forma constante retroalimentación por parte del docente y conocer las valoraciones que este va realizando sobre el desarrollo del proceso de aprendizaje.
- **Autonomía:** las personas que participan en algún proceso de formación a distancia necesitan tener la autonomía suficiente para poder ser los protagonistas de su proceso de aprendizaje, ser quienes planifiquen y organicen las acciones a llevar a cabo, de forma que puedan seguir su propio ritmo de aprendizaje.

El alumnado adulto, por lo tanto, debe llevar a cabo un proceso autónomo, actuando de forma responsable y llevando el control de su propio proceso de aprendizaje, pero eso no significa que no necesite al tutor, que debe realizar un **seguimiento continuado** del proceso.

El tutor no será el protagonista de la acción formativa ni quien tome las decisiones, sino que actuará de forma que reconduzca la acción y sirva de guía, y cualquier acción o tarea que se desarrolle y afecte al desarrollo del proceso de aprendizaje se consensuará antes con el alumnado.

## APLICACIÓN PRÁCTICA

**Luis es alumno de un curso de "Comercio electrónico" en modalidad virtual *(online)*. Se le ha estropeado el ordenador, por lo que debe acudir al centro cultural de su localidad para poder ir realizando el curso.**

**Su tutora, María, está muy pendiente desde el primer momento del progreso de este alumno, ya que sus circunstancias hacen que haya un alto riesgo de abandono. ¿Qué aspectos debe tener en cuenta María a la hora de realizar el seguimiento del proceso llevado a cabo por Luis? ¿Qué acciones llevará a cabo en este caso?**

**Solución**

María debe prestar especial atención a este alumno, para que no haya riesgo de abandono, ya que depende del horario y disponibilidad de ordenadores del centro cultural, por lo que debe planificar el desarrollo de la acción formativa más cuidadosamente.

Por ello, deberá facilitar al alumno el material en versión imprimible, por si quisiera imprimirlo y estudiarlo en casa, dejando el tiempo en el centro cultural para la entrega de actividades, evaluaciones, participación en foros, tutorías, etc.

Además, debe consensuar con él las fechas de entrega de actividades, así como las tutorías, sesiones de chats, y otras actividades que se realicen de forma síncrona, de forma que el alumno aproveche las herramientas de comunicación del curso y pueda interactuar y desarrollar también un trabajo colaborativo, en la medida de lo posible.

## 2.4. Derechos y obligaciones del alumnado

Una vez establecidos los requisitos que debe tener el alumnado para la realización de un curso de Formación Profesional, estos deberán pasar un **proceso selectivo** donde se determinará si se cumple o no con todos los requisitos y si es seleccionado o no para dicha formación.

En el caso de que el alumno o alumna lo supere satisfactoriamente, se le informará de todos sus **derechos y obligaciones,** los cuales deberán ser respetados en todo momento. ¿Los conoces?

| Derechos del alumnado | Obligaciones del alumnado |
|---|---|
| - **Acceso** a acciones formativas de forma **gratuita.**<br>- **Utilización de materiales didácticos** acordes con los objetivos establecidos en el curso.<br>- **Recibir información** sobre el sistema de seguimiento y evaluación a lo largo de todo el curso.<br>- **Acreditar** la acción formativa con su correspondiente **título de Formación Profesional,** el cual le capacitará para el desempeño de una labor profesional o el continuo reciclaje de conocimientos para su posterior progreso laboral. | - Mostrar **interés, respeto, motivación y voluntad** hacia la acción formativa que se está impartiendo.<br>- **Proporcionar la documentación administrativa** necesaria que le permita el acceso a dicho curso. |

En caso de no respetarse, pueden ser **causa de exclusión formativa** en las que se vea envuelto un alumno, por ejemplo, la falta de asistencia reiterada, la falta de rendimiento, así como la negación en la realización de prácticas profesionales. ¿Sabes qué ocurriría en caso de que el participante sea excluido del curso?

## APLICACIÓN PRÁCTICA

**Dadas las siguientes situaciones, indica cuál de ellas sería la que tendría lugar si un alumno queda excluido de la acción formativa.**

a. **Se le dará otra oportunidad mediante acciones tutoriales para evitar el abandono de la acción formativa, pudiendo realizar el curso de forma adaptada a la nueva situación.**
b. **Perderá todo el derecho a recibir su correspondiente certificado profesional o titulación acorde al curso de Formación Profesional que haya hecho. En función de cada comunidad autónoma, se podrán incorporar nuevos alumnos para cubrir los puestos vacantes de aquellos que hayan sido excluidos de la acción formativa.**

*Continúa en página siguiente >>*

*<< Viene de página anterior*

c. **Si ha superado el 50 % del curso, obtendrá su titulación correspondiente, y en caso de no haber alcanzado el 50 % perderá todo el derecho a recibir su correspondiente certificado o titulación, y se incorporarán nuevos alumnos para cubrir los puestos vacantes.**

**Solución**

En caso de **exclusión formativa se perderá todo el derecho a recibir su correspondiente certificado o titulación,** y se incorporarán nuevos alumnos para cubrir los puestos vacantes, según quede establecido para la acción formativa o por la comunidad autónoma.

En la Orden ESS/1726/2012, de 2 de agosto, por la que se modifica la Orden TAS/718/2008, se refleja lo siguiente:

> *Si se produjeran abandonos de los trabajadores se podrán incorporar otros trabajadores a la formación en lugar de aquellos. Esta sustitución se admitirá siempre que se produzca antes de alcanzar el 25 % de la duración de la acción formativa, salvo cuando se trate de acciones formativas vinculadas a certificados de profesionalidad, en cuyo caso únicamente se admitirá la sustitución, siempre que no se haya superado dicho porcentaje, si se produce durante los primeros cinco días lectivos desde el inicio de la acción formativa.*

Los derechos y deberes del alumnado, anteriormente establecidos de forma genérica, **pueden variar en función de la comunidad autónoma** en la que se encuentre y en la que se va a desarrollar un programa formativo para el empleo.

## EJEMPLO

La convocatoria de Formación Profesional de la Comunidad de Madrid, para el año 2024, establecía derechos y obligaciones a cumplir por parte de los interesados en acceder a los certificados de profesionalidad:

- Las acciones formativas se dirigen principalmente a personas desempleadas, que se encuentren inscritos y dados de alta como demandantes de empleo.

*Continúa en página siguiente >>*

*<< Viene de página anterior*

- Los destinatarios de estas acciones formativas serán mayores de 16 años.
- La Formación Profesional será una actividad teórico-práctica de carácter reglado.
- La duración de las acciones formativas podrá oscilar entre las 270 h y 920 h.
- Las acciones formativas ofrecidas son de carácter gratuito.
- La superación de los Certificados Profesionales procurarán al interesado la cualificación correspondiente.

## TAREA 6

Sara es tutora de un curso sobre "Técnicas de venta" en modalidad virtual *(online)* para personas trabajadoras y, durante el desarrollo del curso, el alumnado empieza a retrasarse, a no entregar las actividades a tiempo, a quejarse de que están muy ocupados y deben conciliar la formación con su vida profesional y personal.

Además, están un poco perdidos, no saben si están realizando el curso de forma adecuada o sus tareas están bien encaminadas, ya que la mayoría de ellas se desarrollan en los foros, y la tutora no interviene para indicar si van en la dirección correcta o no.

Ante esta situación, Sara decide convocar una sesión de chat para tratar el tema con el alumnado:

- ¿Qué característica o características de su alumnado, adulto, no ha tenido en cuenta Sara a la hora de establecer la planificación y temporalización de tareas del curso?
- ¿Ha actuado Sara correctamente durante el desarrollo del curso, y ahora, convocando la sesión de chat? ¿Qué propuestas para dar solución a esta situación crees que debe plantear Sara durante la misma? ¿Sobre qué aspectos deben llegar a un acuerdo?

Desarrolla las acciones tutoriales necesarias para dar solución a esta situación, analizando los aspectos sobre los que Sara debe llegar a un acuerdo con el alumnado.

# 3. Temporalización de la acción tutorial

## HILO CONDUCTOR

Roberto y Julia, una vez comenzado el curso, han introducido cambios en la acción formativa para adaptar tanto los métodos y estrategias como los materiales y actividades del curso al contexto y las necesidades del alumnado.

Por este motivo tienen también que revisar el Plan de Acción Tutorial, en la que contemplan todas las actuaciones a llevar a cabo y la temporalización de las mismas, así como una previsión de las actuaciones en caso de producirse alguna incidencia en el proceso.

La **temporalización de la acción tutorial** ejercida por el docente y/o el tutor del alumnado es uno de los componentes principales a destacar en la elaboración de un **plan de formación.**

Todo **Plan de Acción Tutorial** debe estar marcado por una serie de fases, dando lugar a la **temporalización** del curso de Formación Profesional.

## DEFINICIÓN

**Temporalización**
Proceso que consiste en establecer la duración de un plan formativo, desarrollando y acotando la duración de cada una de las acciones. La mejor forma de representar la temporalización de las acciones formativas es mediante la elaboración de cronogramas.

Dichas fases son las que se detallan a continuación:

| Fase | Características |
|---|---|
| Inicio o preparación | Esta fase se caracteriza, sobre todo, por ser un proceso de planificación en la que el tutor debe en todo momento estar seguro de las acciones que se van a llevar a cabo en el transcurso del curso, así como en el cumplimiento temporal de este. |
| Presentación y desarrollo | El tutor del curso o, en su caso, el responsable del centro o la entidad donde se imparta, se encargará de la presentación del mismo y establecerá todas las acciones que se van a realizar durante el desarrollo de la acción formativa. |
| Actividad del docente y seguimiento | En esta fase, el tutor deberá desarrollar todos los contenidos que componen la acción formativa, así como realizar un control y un seguimiento de todas las tareas que se deben ejecutar a lo largo del curso. |
| Finalización de la actividad formativa | En esta fase se realizarán los informes del profesorado, alumnado, recursos materiales, administración y gestión. |

## 3.1. Fase de inicio o preparación

En la fase de inicio, el equipo tutorial debe ponerse de acuerdo sobre la planificación de la acción formativa, llegando al consenso entre ellos. Se puede tener en cuenta el siguiente protocolo:

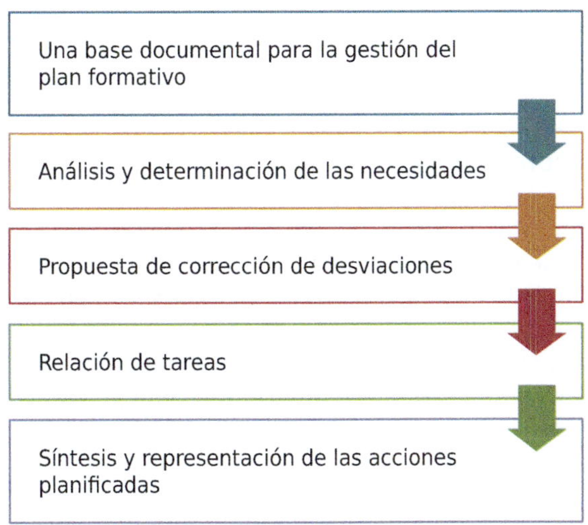

## Una base documental para la gestión del plan formativo

La **planificación** de la formación debe ser un proceso de trabajo en equipo en el que se llegue a un consenso entre las diferentes partes implicadas, así que se comenzará a revisar cada una de las acciones.

Se debe revisar la información general relativa a la acción formativa, la normativa a aplicar, conocer bien el perfil del alumnado para adaptar el contenido al mismo, además de los recursos con los que cuenta a la hora de planificar las sesiones. En estos casos la labor sería solo de revisión, pero por otra parte, debe conocer el cronograma del curso, en el que podrá sugerir los cambios que considere oportunos, siempre que sea posible aplicarlos.

En los cursos que se imparten en **modalidad semipresencial,** hay que decidir qué contenido va a impartirse en presencial y cuál *online,* para que el equipo técnico lo presente en la plataforma. Como docente, no es necesario que conozca el presupuesto del proyecto, si hay otro personal administrativo que tiene esa función.

## Análisis y determinación de las necesidades

Se deben revisar las necesidades detectadas, para así planificar de forma correcta las acciones a llevar a cabo en la labor docente. Además, una vez que se esté desarrollando el curso habrá que hacer de forma continuada el seguimiento del alumnado e informar si se detectan nuevas necesidades, ya que como la planificación es un proceso que quedará abierto, se podrán incluir posteriormente nuevas estrategias y acciones para solventarlas, si es necesario.

## Propuesta de corrección de desviaciones

Es muy importante que el tutor sea consciente en todo momento de las dificultades que presenta el alumnado en el desarrollo del curso, pues solo así garantizará la finalización con éxito de dicha formación, acreditándolo con el Certificado Profesional o título de Formación Profesional de una determinada rama, así como su posterior incorporación al mercado laboral. Por lo tanto, deben estar previstas estrategias para la prevención del abandono, que permitan superar las dificultades encontradas.

## Relación de tareas

En la elaboración del curso de Formación Profesional intervienen multitud de personas, por lo que es necesario que se especifique de forma clara y concisa cuál es la función de cada una de ellas, sobre todo, la labor a desarrollar por el tutor del curso.

Los tutores de los cursos que se realizan en modalidad virtual *(online)* verán sus funciones ampliadas, debiendo desempeñar las funciones: académica, orientadora, social, técnica y organizativa.

## Síntesis y representación de las acciones planificadas

Una vez que se ha planificado todo el proceso, y definido el desarrollo del mismo, todo ello podrá ser representado mediante gráficas.

### APLICACIÓN PRÁCTICA

**Raúl ha aportado el contenido y será el encargado de realizar la temporalización del mismo y decidir qué contenido va a impartirse en presencial y cuál en la modalidad virtual, para que el equipo técnico lo presente en la plataforma.**

**El contenido presentado por Raúl ha sido el siguiente:**

1. **Morfología**
2. **Sintaxis**
3. **Fonética**
4. **Expresión y léxico de atención al público**
5. **Expresión escrita**
6. **Expresión oral**
7. **Atención telefónica**

**Teniendo en cuenta que el curso dura 270 horas, ¿de qué forma habrá elaborado Raúl dicha temporalización y habrá distribuido el contenido?**

*Continúa en página siguiente >>*

<< Viene de página anterior

**Solución**

Una posible solución sería que Raúl, una vez conocida la fecha de inicio del curso, desarrolle su propia guía, en la cual se establezcan los siguientes periodos de tiempo con los contenidos didácticos a desarrollar:

1. Fecha de inicio del curso: presentación del curso y del alumnado (duración: 1 sesión presencial - 5 horas).
2. Desarrollo del curso:

   a. Morfología (15 horas - *online)*
   b. Sintaxis (15 horas - *online)*
   c. Fonética (15 horas - *online)*
   d. Expresión y léxico de atención al público (30 horas - *online)*
   e. Expresión escrita (30 horas - *online)*
   f. Expresión oral (30 horas - presencial)
   g. Atención telefónica (30 horas - *online)*
   h. Tutoría individualizada (5 horas - presencial)
   i. Realización de prácticas profesionales (80 horas - presencial)

3. Fin del curso:
   Evaluación para la obtención del título de Formación Profesional, así como desarrollo de test y cuestionarios referentes a la acción formativa establecida por el profesor (15 horas – presencial y *online).*

## 3.2. Presentación del curso y desarrollo de la formación

El tutor del curso, o, en su caso, el responsable del centro o la entidad donde se imparta, se encargará de la **presentación** del mismo, destacando:

- La **asistencia a un centro formativo** para adquirir una Formación Profesional, que está financiada con los fondos provenientes de la cuota de formación profesional que aportan las empresas y los trabajadores, así como con las aportaciones específicas establecidas en el presupuesto del Servicio Público de Empleo Estatal, y los fondos propios de las comunidades autónomas. Igualmente, podrán ser objeto de cofinanciación a través del Fondo Social Europeo o de otras ayudas e iniciativas europeas.

Todo ello está estipulado en el **Real Decreto-ley 4/2015, de 22 de marzo,** para la reforma urgente del Sistema de Formación Profesional en el ámbito laboral.

- **Desarrollo del programa del curso** con sus respectivos contenidos y módulos, así como la denominación y el número de curso que se va a desarrollar.
- La **ubicación temporal del curso,** es decir, las fechas de inicio, el desarrollo y el fin de la acción formativa.
- La comprobación y la **supervisión de todos los recursos didácticos** que se van a utilizar en su desarrollo.
- **Información de la normativa** que se va a aplicar a lo largo del curso.

*En el calendario se reflejaran las principales fechas para que el alumnado tenga conocimiento de ellas.*

## NOTA

El tutor entregará a cada participante una guía en la que se establecerá la acción formativa que se va a desarrollar. Asimismo, deberá responder a todas las cuestiones y dudas que plantee el alumnado al comienzo de dicho curso.

## 3.3. Actividad del docente y seguimiento

### HILO CONDUCTOR

Como las fases de preparación y de presentación ya han terminado, Julia y Roberto comienzan su revisión del plan tutorial por la fase en la que se encuentran: de actividad y seguimiento.

En ella deben realizar bien sus funciones como docentes, tanto en la parte presencial como virtual, ya que esta es la fase en la que el alumnado comienza a trabajar el contenido y actividades del curso, y necesita que el docente tenga una alta disponibilidad, y les sirva como especialista en contenido para la resolución de sus dudas, como guía y orientador durante toda la acción formativa.

En esta fase, el tutor deberá desarrollar todos los contenidos que componen la acción formativa y realizar un control y un seguimiento de todas las tareas que se deben ejecutar a lo largo del curso.

El docente contará con todo el material que ha preparado disponible en la plataforma: contenido, actividades, evaluaciones, casos prácticos, herramientas de comunicación, etc., para su desarrollo, durante el cual deberá realizar las **labores de seguimiento,** en las que el docente controlará varios aspectos.

**Pedagógico**
- Materiales didácticos, consultas de apoyo, etc.

**Financiero**
- Análisis y control de los gastos y los ingresos que se están efectuando en el desarrollo de la acción formativa.

**Evaluativo**
- Valoración del curso por parte del alumnado, conocimientos adquiridos por el alumnado, informe del tutor sobre el desarrollo de la formación, etc.

**Organizativo**
- Comprobación del mantenimiento de los equipos, las aulas, etc.

*Continúa en página siguiente >>*

<< Viene de página anterior

**Administrativo**
- Fichas de asistencia, partes de baja y justificación de faltas.

## IMPORTANTE

Todas estas labores de seguimiento harán posible que el proceso se vaya desarrollando en la dirección adecuada, no quedando ningún participante rezagado o perdido en la materia. Además, durante esta fase se podrán ir incorporando todas las actividades, recursos, etc., que se necesiten para garantizar el éxito de la acción formativa, ya que la planificación es un proceso abierto.

## 3.4. Fase final de la acción formativa

Desarrollado el curso completamente, la temporalización finalizará con la **evaluación** del proceso formativo y **realización de informes.**

| El docente | El alumno |
|---|---|
| - Realizará la corrección de las pruebas o las actividades llevadas a cabo por los participantes del curso de FP.<br>- Elaborará la memoria final del curso.<br>- Informará sobre los desperfectos ocasionados en el desarrollo del curso y realizará un inventario.<br>- Elaborará un informe donde se establecerá la evolución del alumnado y sus incidencias en el desarrollo del curso. | - Evaluará la calidad del proceso formativo, mediante la valoración de diferentes aspectos: organización y estructuración del contenido, objetivos, instalaciones y equipamiento, recursos, labor docente, etc. |

**RECUERDA**

Todo proceso formativo requiere del desarrollo de un conjunto de fases, cuya temporalización va a depender de: la complejidad del curso de Formación Profesional y su rama profesional, las necesidades y las características del alumnado inscrito en dicho curso, las modalidades en las que se va a impartir dicha acción formativa (presencial, semipresencial o virtual), la utilización de determinados recursos didácticos, etc.

## 4. Realización de cronogramas

Los centros formativos en los que se desarrollen proyectos o acciones formativas deberán presentar a los tutores y, sobre todo, al alumnado, un **cuadro informativo** en el cual se especifiquen las **fechas de inicio, desarrollo, fin, horario y aula** de los cursos formativos que se van a impartir.

Dicho cuadro, resumen de la temporalización de la acción formativa, es concebido con el nombre de **cronograma.**

**DEFINICIÓN**

**Cronograma**
Esquema o lista donde se distribuye temporalmente y de forma sencilla el conjunto de elementos que participan en el curso formativo, siguiendo un orden lógico desde principio a fin.

Para la elaboración de un cronograma se ha de establecer un sistema de coordenadas o gráfico, en el cual se indique:

- **Eje horizontal:** calendario o unidad de tiempo en función de la acción que se quiera representar (horas, días, semanas, años, etc.).
- **Eje vertical:** las acciones formativas o actividades que se realicen a lo largo de todo el curso de Formación Profesional.

## SABÍAS QUE...

Los cronogramas también pueden recibir el nombre de Diagrama de Gantt, ya que fueron inventados por el ingeniero norteamericano Henry L. Gantt para establecer un conjunto de actividades en un espacio temporal.

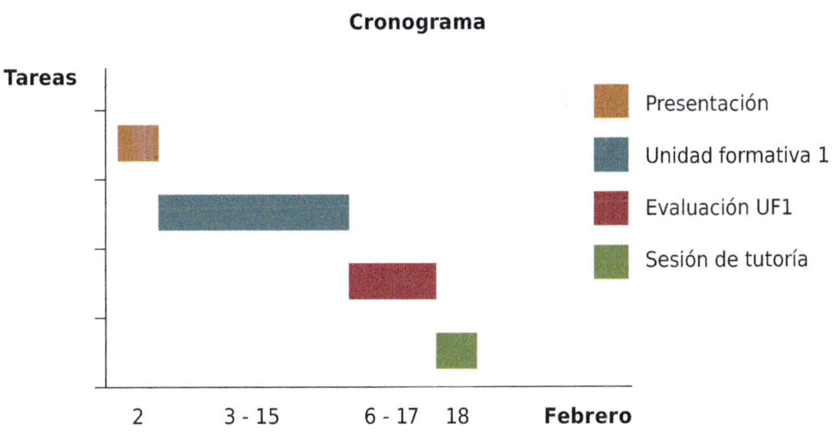


## 4.1. Construcción de un cronograma

Son muchos los modelos de cronogramas o Diagrama de Gantt que existen, pero, entre los más usuales, destacan los **diagramas de barras.**

Para elaborar un cronograma se seguirán los siguientes pasos:

1. Creación de **dos ejes (horizontal y vertical).**
2. Sobre uno de los ejes, **nombrar** cada una de las **acciones formativas** o **actividades** desarrolladas por el tutor del curso. Sobre el otro eje, se ponen las **unidades de tiempo.**
3. **Dibujar los bloques** correspondientes a las acciones o las actividades propias del curso que se han establecido.
4. **Representar,** mediante un pequeño cuadro situado en la parte derecha del diagrama, **la leyenda del cronograma,** en la que se especificarán los colores utilizados para representar las acciones formativas.

## ACTIVIDAD COMPLEMENTARIA

10. Pon en práctica los conocimientos adquiridos sobre la elaboración de cronogramas.
    Conociendo las actividades que Raúl va a presentar en su cronograma (presentación, unidades formativas (1, 2, 3, 4, 5, 6, 7), dos sesiones de tutorías, evaluaciones de las unidades formativas y final) y la unidad de temporalización, ¿podrías ayudar a Raúl a elaborar el cronograma?

## TAREA 7

Luis es alumno de un curso de "Comercio electrónico" en modalidad virtual *(online)*. Se le ha estropeado el ordenador, por lo que debe acudir al centro cultural de su localidad para poder ir realizando el curso.

Su tutora, María, está muy pendiente desde el primer momento del progreso de este alumno, ya que sus circunstancias hacen que haya un alto riesgo de abandono.

Durante la supervisión del proceso llevado a cabo por Luis, María ha establecido con él una nueva temporalización en cuanto a tutorías y entrega de actividades.

Teniendo en cuenta que Luis solo puede conectarse a internet los miércoles y viernes de 17:00 a 20:00 horas, ¿de qué forma elaborarías el cronograma del mismo?

Los hitos a representar son los siguientes:

Febrero 2024

Unidad formativa 1: 7 -21 febrero

- Actividad UF 1: ___
- Test de Evaluación UF1: ___
- Sesión de tutoría individual: ___

Unidad formativa 2: 22 febrero - 02 marzo

- Actividad UF 1: ___
- Test de Evaluación UF1: ___

Continúa en página siguiente >>

<< Viene de página anterior

- Sesión de tutoría colectiva: ___
- Test de evaluación final: ___

Deberás completar las fechas que faltan y representar los datos mediante un diagrama de barras.

## 5. Diseño de un plan de actuación individualizado

La Formación Profesional, independientemente de su modalidad, requiere de un proceso de enseñanza-aprendizaje individualizado y, por tanto, de una acción tutorial que también lo sea.

Esta personalización de la enseñanza es la única herramienta que permite que se den respuestas eficaces y coherentes a las necesidades que cada uno de los estudiantes presenta.

No hablamos solo de alumnos con necesidades específicas de apoyo educativo, sino también de personas con discapacidad, grupos poblacionales en riesgo de exclusión, con bajos ingresos o limitada competencia laboral y cultural, entre otras muchas posibilidades.

Para ello, el tutor puede hacer uso de una herramienta especialmente valiosa en estas situaciones; el Plan de Actuación Individualizado (en adelante PAI).

**Plan de Actuación Individualizado**
Documento utilizado en la acción tutorial para aunar toda la información destacada sobre un estudiante, pudiendo así detectar sus necesidades socioeducativas y atenderlas de manera integral.

La actuación individualizada del tutor le permite determinar si su planteamiento es el más adecuado para atender las necesidades concretas de un estudiante o un grupo de ellos. Además, de forma simultánea podrá valorar qué aspectos de su acción tutorial son susceptibles de mejora.

Para ello, antes de la realización de un plan de actuación individualizado, hay que conocer algunos de los **parámetros que van a incidir en su elaboración** y que determinarán dicha efectividad, siendo estos:

- Edad del alumnado.
- Nivel formativo.
- Características del entorno.
- Fuentes de información: libros, páginas webs, etc.
- Actividades a desarrollar.
- Priorización de necesidades educativas derivadas de la realización del curso FP.
- Desarrollo de estrategias para llevar a cabo con éxito las actividades formativas.

Una vez detallados dichos parámetros, el tutor deberá diseñar un **plan de actuación individualizado que dé respuesta a las necesidades** formativas planteadas: ¿qué aprender?, ¿cómo aprenderlo?, ¿dónde aprenderlo?, y ¿cuándo aprenderlo?

**IMPORTANTE**

Un plan de acción individualizado o personal debe potenciar a todos los participantes en todas las fases importantes de su vida y formación, pues les ayuda a reflexionar y a autoevaluar sus valores personales, objetivos, intereses y prioridades, así como cubrir todas las necesidades que presenta el alumnado en cuanto al desarrollo futuro de una profesión laboral.

## 5.1. Componentes de un plan de acción individualizado

Para que sea eficaz, un plan de acción individualizado está compuesto por:

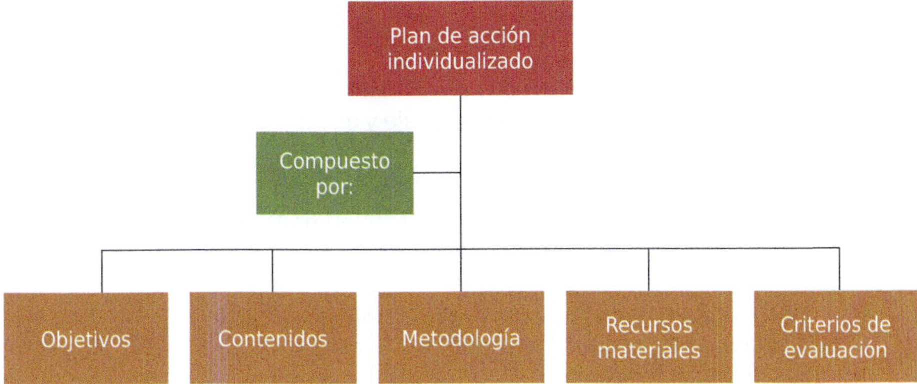


## Objetivos

Su principal finalidad consiste en describir los resultados que se esperan obtener con la puesta en práctica de las actividades desarrolladas en el plan de actuación individualizado, entre los cuales destacan: adaptación del alumnado en el contexto, adquisición y desarrollo de una labor profesional, autonomía por parte del alumnado, cubrir las necesidades de los alumnos, etc.

## Contenidos

Son los conocimientos que deben ser adquiridos por el alumnado mediante la realización de diversas actividades adaptadas a sus necesidades educativas.

Dichas **necesidades** pueden ser:

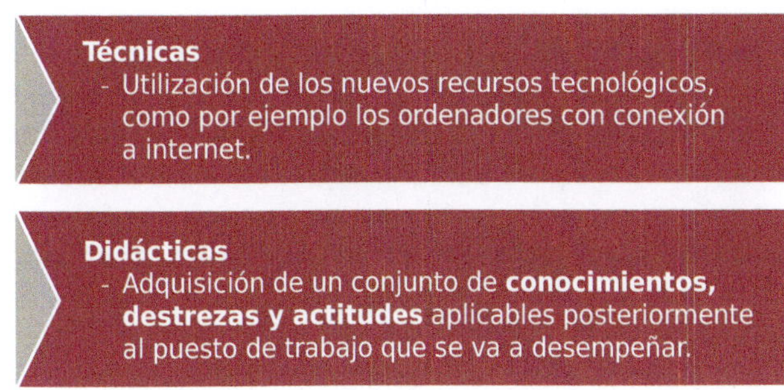

## Metodología

La metodología es la forma en que se van a trabajar tanto el contenido como los aspectos implicados en su aprendizaje y asimilación.

Sin embargo, no siempre y no a todos los estudiantes les viene bien un método concreto, lo que requiere que se incluyan algunas modificaciones. Es ahí donde juega un papel importante el PAI.

Por este motivo, la metodología es uno de los aspectos curriculares que más modificaciones sufre cuando se trata de atender individualmente las necesidades de un alumno.

## Recursos materiales

Hacen referencia al conjunto de **instrumentos** que se van a **utilizar para realizar las actividades formativas** planteadas en el plan de actuación individualizado.

En este caso, el tutor debe tener en cuenta varios aspectos: empleo adecuado de los materiales, disponibilidad, accesibilidad, comodidad y relación coste-beneficio y coste-utilidad con respecto al alumnado.

## Criterios de evaluación

Realizar una evaluación al desarrollo tutorial que ha ejercido el tutor con respecto al alumno es establecer si este ha alcanzado los objetivos previstos en el plan de actuación individualizado, es decir, si estos coinciden con los objetivos que se han planteado en la acción formativa, los cuales garantizan el desarrollo profesional del alumno.

En este sentido, el tutor deberá evaluar tanto el proceso formativo llevado a cabo, como sus resultados (eficiencia, eficacia, efectividad y rentabilidad). También se deberá evaluar el papel que el tutor ha desarrollado durante el proceso formativo para detectar aquellas debilidades o fallos que ha podido tener y así evitarlos en las próximas acciones formativas o potenciar aquellos aspectos que hayan servido de ayuda al alumnado.

## NOTA

Entre los cambios más habituales se encuentran las adaptaciones temporales o de contenido, la aplicación de refuerzos, la adaptación de instrumentos y herramientas, el ajuste de los criterios de evaluación a los límites del estudiante e incluso la reducción de objetivos de enseñanza.

## ACTIVIDAD COMPLEMENTARIA

11. Reflexiona sobre las acciones formativas llevadas a cabo en España. ¿Crees que el tutor debe elaborar un plan de actuación individualizado en todos los casos?

## 5.2. Elaboración de un plan de actuación individualizado

### HILO CONDUCTOR

Durante el desarrollo del curso, Julia y Roberto se encuentran con Rocío, una alumna que, por motivos personales, solo puede dedicarle al curso los fines de semana, justo cuando el tutor no está disponible, por lo que le está costando mucho trabajo seguir el ritmo y realizar todas las actividades propuestas, así que tendrán que buscar una solución a esta situación y elaborar un plan de actuación para esta alumna.

Cuando llega el momento de elaborar el Plan de Actuación Individualizado lo más eficiente es que se sigan una serie de fases, más o menos secuenciadas, que harán que el proceso sea mucho más organizado.

Estas **etapas** pueden resumirse en:

1. **Recogida de datos del estudiante:** su información se completará al máximo, incluyendo aspectos emocionales, médicos o familiares, si así

fuera necesario. En esta fase se utilizará la documentación aportada por el alumno, cuestionarios y entrevistas personales con él y personas de su círculo más inmediato.

2. **Detección de necesidades:** una vez recabados los datos se intentará localizar qué aspecto del estudiante necesita intervención, ayuda o asesoramiento.
3. **Planteamientos de objetivos del PAI:** se fijarán en función a las necesidades detectadas y plasmarán aquello que se pretende durante la intervención.
4. **Acciones:** se desarrollará qué es lo que se va a hacer desde el centro formativo, por parte de los docentes y, por supuesto, desde la acción tutorial, para mejorar la situación-objetivo.
5. **Seguimiento y evaluación:** cómo se van a realizar, quién los va a hacer, cuál va a ser la respuesta ante cualquier inconveniente que surja o cuál va a ser el *feedback* sobre el PAI, son algunos de los interrogantes que deben responderse en esta etapa.

El docente debe realizar un seguimiento del proceso y las acciones llevadas a cabo, de forma que en caso de detectar alguna incidencia o desvío en la consecución de objetivos por parte del alumnado, puedan aplicarse las **medidas correctoras** necesarias para reconducir el proceso.

Los **datos obtenidos del seguimiento** permitirán también al docente elaborar un plan de actuación adecuado a las circunstancias del alumno o alumna en concreto.

Para ello, el docente tendrá que llevar a cabo una serie de acciones, centradas en:

| Comunicación | Personalización | Orientación |
| --- | --- | --- |
| - **Estar en continua comunicación con el alumnado,** motivándole y orientándole para que realice las acciones adecuadas encaminadas a la consecución de objetivos, así como proporcionándole un refuerzo positivo cuando las acciones realizadas por este estén bien encaminadas. | - **Proponer nuevas actividades de aprendizaje o adaptar** las ya existentes a las características y circunstancias del alumnado, procurando siempre que se desarrollen en el alumnado las capacidades necesarias para enfrentarse al proceso de forma autónoma. | - **Dar recomendaciones y orientación** al alumnado para el estudio, teniendo en cuenta sus características y la situación en la que se encuentre. |

Por lo tanto, es importante realizar en todo momento el seguimiento del alumnado, de forma que puedan llevarse a cabo las actuaciones necesarias con la finalidad de que todo el alumnado finalice la acción formativa con éxito.

## EJEMPLO

**Pedro es un alumno del curso sobre "Habilidades comunicativas" en modalidad virtual, que realiza las actividades de forma incorrecta e incompleta, y cuando su tutor le da retroalimentación al respecto, no aplica los cambios que se le piden. Se limita a retocar brevemente lo que ya tenía, incluyendo alguna de las orientaciones que el tutor le ha indicado como ejemplo. ¿Qué puede hacer el tutor en este caso?**

**Solución**

Tras llevar un seguimiento detallado de este alumno y detectar la situación que está teniendo lugar, el tutor debe llevar a cabo actuaciones concretas con el mismo.

En primer lugar debe tratar el tema con Pedro, comprender las razones de esa conducta, y estar en continua comunicación con él para que reconduzca sus actuaciones. Debe recordarle los motivos por los que se inscribió al curso, renovar su motivación, y dejarle clara la forma de realizar las actividades y el compromiso que debe adquirir para su realización, de forma que se sienta motivado y realice el esfuerzo y dedicación que la tarea requiere.

Si a pesar de que demuestra interés y esfuerzo en la realización de las actividades, Pedro no consigue enfrentarse a ellas de forma correcta, el tutor deberá aplicar otras medidas, como puede ser la adaptación de las actividades presentadas, creando tareas de una tipología diferente, que se adapten al estilo del alumno, y permitan el desarrollo de determinadas capacidades y habilidades que el alumno deba desarrollar.

## ACTIVIDAD COMPLEMENTARIA

12. Elabora un plan de actuación individualizado para un alumno que presenta deficiencia auditiva y que está realizando un curso de Formación Profesional de jardinería.

## 5.3. Planificación de acciones individualizadas

## HILO CONDUCTOR

En el caso de Rocío, la alumna que solo puede dedicarse al curso los fines de semana, Roberto y Julia han decidido llevar a cabo un plan de actuación individualizado, ¿qué acciones concretas llevará a cabo?

En el caso de Rocío, sus tutores deben llevar a cabo un plan individualizado, en el que se contemplen las siguientes actuaciones:

Dar recomendaciones y orientación al alumnado

Proponer nuevas actividades de aprendizaje o adaptar las existentes

### Comunicación

Terminado el fin de semana, debe hacer el seguimiento de las acciones llevadas a cabo por el alumnado, para ver su progreso durante el mismo, y dar retroalimentación, orientándole si algo no lo ha hecho de la forma adecuada, así como proporcionándole un refuerzo positivo cuando las acciones realizadas sean las adecuadas.

## EJEMPLO

El lunes al comienzo de la jornada laboral, Julia y Roberto hacen el seguimiento de Rocío y le envía un *e-mail:*

*Hola Rocío,*

*He visto que ya has finalizado el contenido del módulo 2 y tu intervención en el foro ha sido muy acertada... ¡estupendo! Ya tan solo debes realizar la actividad. Aunque la entrega está prevista para este viernes, no te preocupes, podrás realizarla durante el fin de semana.*
*Estás realizando muy buen trabajo, ¡sigue así!*

*Saludos.*

### Dar recomendaciones y orientación al alumnado

Dar recomendaciones y orientación al alumnado para el estudio, teniendo en cuenta sus características y la situación en la que se encuentre.

## EJEMPLO

El viernes, antes de terminar la jornada laboral, Julia y Roberto le dan unas orientaciones a Rocío para el fin de semana:

*Hola Rocío,*

*La entrega de la actividad del módulo 2 estaba prevista para hoy, así que no olvides realizarla durante el fin de semana. En cuanto al nuevo módulo que ya está disponible, para continuar con el buen ritmo que llevas, deberías llegar hasta el apartado 4.1.*

*Por lo demás, hemos planteado una pequeña tarea colaborativa en el foro para dar por finalizado el módulo 2. Su realización es voluntaria y aún está abierto el debate, así que puedes participar si lo deseas.*

*Saludos y buen fin de semana.*

## Proponer nuevas actividades de aprendizaje o adaptar las existentes

Proponer nuevas actividades de aprendizaje o adaptar las ya existentes a las características y circunstancias del alumnado, procurando siempre que se desarrollen en el alumnado las capacidades necesarias para enfrentarse al proceso de forma autónoma.

### EJEMPLO

Una de las actividades que se han planteado en el curso se realiza a través del chat y, como Rocío no puede acceder a él, Julia y Roberto han adaptado la realización de la actividad a sus circunstancias:

*Hola Rocío,*

*En la actividad colaborativa 3.1. se ha propuesto el uso del chat para su realización. Dadas tus circunstancias, es imposible que accedas al mismo, así que te propongo para realizarla lo siguiente:*

*Accede a los registros de la sesión de chat que se realizó, y que tienes disponibles en la sala 3 de la plataforma. Sintetiza toda la información que se ha aportado en la misma, y la solución que se ha dado al caso planteado en la actividad.*

*Voy a abrir un nuevo hilo de debate en el foro para esta actividad, en él debes intervenir comentando la solución grupal que se ha dado al caso, si crees que es o no la solución más acertada y por qué motivos, así como añadiendo tus propios argumentos para la resolución del problema.*

*Saludos.*

### TAREA 8

Patricia es una alumna francesa, que está teniendo problemas a la hora de realizar el curso de "Habilidades comunicativas" en el que está participando. Concretamente, de la realización de las actividades que entrega se deduce que

*Continúa en página siguiente >>*

<< Viene de página anterior

no llega a comprender del todo bien el contenido debido a las diferencias lingüísticas y, principalmente, a las diferencias culturales. ¿Qué actuaciones debe llevar a cabo su tutor para que esta alumna consiga comprender el contenido y alcanzar los objetivos propuestos?

Elabora los procedimientos necesarios para reconducir el aprendizaje de Patricia hacia la consecución de sus objetivos. Para ello, deberás:

- Promover actividades de aprendizaje que aseguren la autonomía en la toma de decisiones para desarrollar las capacidades individuales.
- Establecer cauces para informar periódicamente al alumnado sobre su progreso en la acción formativa, con el objetivo de reforzar o reconducir su aprendizaje.

# 6. Resumen

La **Formación Profesional** es una de las piezas clave en la actual sociedad del conocimiento, pues de ella depende en su gran mayoría el desarrollo formativo de la población en general: mujeres, desempleados, trabajadores, discapacitados, etc.

Todas estas personas, según sus características personales, podrán acceder al desarrollo de un determinado proyecto formativo, el cual previamente será planificado, estableciendo un **plan de acción tutorial.**

Todo plan de acción tutorial debe estar marcado por una serie de **fases,** que dan lugar a la temporalización del curso de Formación Profesional:

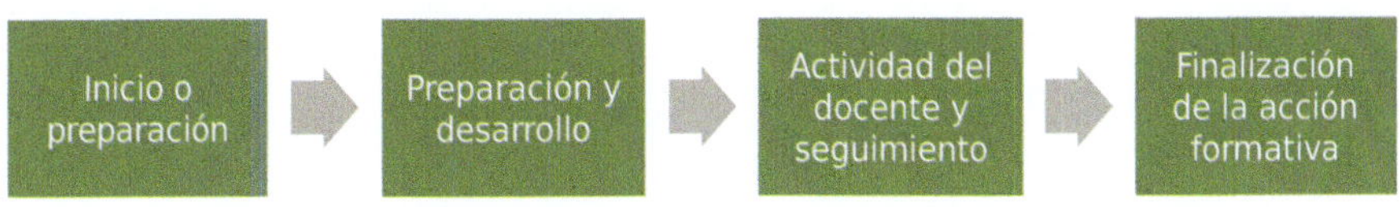


La mejor forma de representar la temporalización de las acciones formativas es mediante la **elaboración de cronogramas.**

Por último, se ha de destacar que para que la Formación Profesional garantice el desarrollo profesional y personal del alumnado en todas sus vertientes, es necesario que el tutor realice un **plan de actuación individualizado,** adaptado a las necesidades que presente el alumnado en todo momento.

Para la elaboración de dicho plan, deben incluirse los siguientes **elementos:**

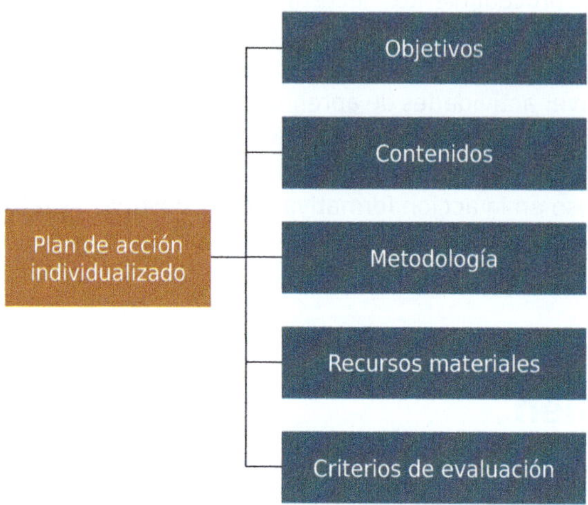


Y el docente tendrá que llevar a cabo una serie de acciones, centradas en la comunicación, la orientación y la personalización:

- **Estar en continua comunicación con el alumnado,** motivándole y orientándole.
- **Dar recomendaciones y orientación** al alumnado para el estudio.
- **Proponer nuevas actividades de aprendizaje** o adaptar las ya existentes a las características y circunstancias del alumnado.

# Ejercicios de autoevaluación Unidad de Aprendizaje 2

1. **El Real Decreto 659/2023, de 18 de julio, regula las ocho modalidades de Formación Profesional. ¿Cuál de las siguientes no es una de ellas?**

    a. Formación presencial, virtual y modular.
    b. Modalidad para personas inmigrantes sin papeles.
    c. Modalidad dirigida a personas con especiales dificultades formativas o de inserción laboral.
    d. Programas formativos en empresa u organismo equiparado.

2. **Ordena los pasos a seguir en la temporalización de un proyecto formativo.**

    __ Presentación del curso y desarrollo de la formación.
    __ Fase inicial o de preparación.
    __ Actividad del docente y seguimiento.
    __ Fase final de la acción formativa.

3. **Completa la oración que se muestra a continuación.**

    Entre las iniciativas de formación se encuentra la formación en _________ con el empleo, que persigue la ___________________ del empleo y la formación simultáneamente. En ella se incluye la popular formación _______________.

4. **De las siguientes afirmaciones, indica cuál es verdadera o falsa.**

    a. En la formación programada por las empresas pueden participar trabajadores fijos discontinuos en periodos de no ocupación.

        - Verdadero
        - Falso

b. Los cuidadores no profesionales que se hagan cargo de personas dependientes participarán en las acciones de formación profesional.

- Verdadero
- Falso

c. La formación ofrecida por otros programas formativos incluye a personas del régimen agrario que quieran obtener una acreditación o certificado profesional relacionado con su rama laboral.

- Verdadero
- Falso

d. La oferta formativa dirigida a personas en situación de privación de libertad está dirigida a su vez a jóvenes menores de 30 años en desempleo.

- Verdadero
- Falso

e. La modalidad destinada al personal militar tiene como finalidad la máxima cualificación alcanzada en el ejército, la de Oficiales Generales.

- Verdadero
- Falso

**5. ¿Cuáles son los requisitos que se establecen para que una persona pueda realizar un curso de formación profesional? Explícalos.**

______________________________________________

______________________________________________

______________________________________________

______________________________________________

**6. Relaciona cada una de las fases de elaboración del proyecto formativo con su periodo temporal:**

a. Creación de una base documental.
b. Ubicación temporal del curso.

c. Información de la normativa.
d. Seguimiento administrativo.
e. Relación de tareas.
f. Informes del profesorado.

_ Fase inicial o de preparación.
_ Presentación del curso y desarrollo de la formación.
_ Actividad del docente y seguimiento.
_ Fase final.

**7. Define qué son los cronogramas y explica cómo se elaboran.**

________________________________________
________________________________________
________________________________________
________________________________________
________________________________________
________________________________________
________________________________________

**8. Indica los parámetros que no pertenecen al desarrollo de un plan de actuación individualizado.**

a. Edad del alumnado.
b. Familiares.
c. Nivel formativo.
d. Nivel informático.
e. Características del entorno.
f. Fuentes de información.
g. Nivel de idiomas.
h. Actividades a desarrollar.
i. Priorización de necesidades educativas derivadas de la realización del curso de Formación Profesional.
j. Desarrollo de estrategias para llevar a cabo con éxito las actividades formativas.

**9. Define los términos enumerados a continuación y explica qué tienen en común: objetivos, contenidos, metodología, recursos materiales y criterios de evaluación.**

_______________________________________________
_______________________________________________
_______________________________________________
_______________________________________________
_______________________________________________
_______________________________________________
_______________________________________________

**10. Un plan de acción individualizado o personal debe...**

a. ... potenciar a ciertos alumnos en algunas de las fases importantes de su vida y formación.
b. ... favorecer a todos los alumnos en el desarrollo de una labor profesional futura.
c. ... potenciar a todos los alumnos en todas las fases importantes de su vida y formación.
d. Todas las opciones son correctas.

**11. Indica el orden correcto de tres de las etapas que se siguen para elaborar el Plan de Actuación Individualizado.**

a. Recogida de datos, planteamiento de objetivos y establecimiento de acciones.
b. Detección de necesidades, recogida de datos y establecimiento de acciones.
c. Establecimiento de objetivos, seguimiento y evaluación del plan.
d. Planteamiento de objetivos, establecimiento de acciones y seguimiento y evaluación.

**12. En esta definición de PAI: "documento utilizado en la Formación Profesional, para aunar toda la información destacada sobre un estudiante, pudiendo así detectar sus necesidades socioeducativas y atenderlas de manera integral", ¿cuál es el error?:**

a. Documento utilizado en la Formación Profesional.
b. Se utiliza para aunar toda la información destacada sobre un estudiante.
c. Permite detectar las necesidades socioeducativas de un estudiante.
d. Permite atender de manera integral las necesidades socioeducativas detectadas en un estudiante.

Unidad de Aprendizaje 3

# Desarrollo de la acción tutorial en línea

## Contenido

1. Introducción
2. Características del alumnado
3. Elaboración de la guía del curso
4. Tareas y actividades, su evaluación y registro de calificaciones
5. Responsabilidades administrativas del tutor
6. Elaboración de videotutoriales con herramientas de diseño sencillas
7. Criterios de coordinación con tutores y jefatura de estudios
8. Resumen

## Objetivos

Los objetivos específicos de esta Unidad de Aprendizaje son:

→ Proporcionar habilidades y estrategias personalizadas de mejora al alumnado para favorecer su aprendizaje, en formación presencial y en línea, supervisando su desarrollo.

→ Proporcionar estrategias y habilidades para favorecer el aprendizaje en la formación en línea, supervisando su desarrollo.

# 1. Introducción

La **sociedad actual** se caracteriza por ser fruto de una economía cada vez más desarrollada, global e interdependiente, en la cual la formación es el principal objetivo para el desarrollo y el avance, pues, utilizada de modo estratégico, refuerza la productividad tanto en personas como en empresas.

Todo ello ha quedado reflejado en el paso del tiempo, en el cual se ha observado la **necesidad continua de un reciclaje formativo,** pues los conocimientos van quedando obsoletos con la mejora de la economía y de las nuevas tecnologías.

Es este reciclaje formativo, el cual es dirigido a todas las personas, tanto a trabajadores como a desempleados, al que se le ha denominado Formación Profesional, y el cual puede ser desarrollado mediante diversas **modalidades:** presencial, semipresencial y virtual *(online).* Y para los certificados profesionales, las modalidades son iguales a las anteriormente citadas.

En el desarrollo de la unidad se hará especial hincapié en la Formación Profesional realizada de forma *online,* es decir, a través de internet, y la cual se denomina virtual.

Esta modalidad ha provocado un **cambio muy significativo con respecto a la acción tutorial del docente,** tanto en su práctica formativa como en el desarrollo de los conocimientos y la identidad personal de los tutores, pues deben adaptarse a los nuevos tiempos y al desarrollo de las nuevas tecnologías. Por ello, a continuación se abarcarán temas de especial índole con respecto a los cursos ***online,*** como pueden ser las características del alumnado, la elaboración de una guía formativa por parte del tutor en la que se explique cómo se llevará a cabo el curso y cómo se accederá al centro virtual o plataforma, el desarrollo de actividades por parte del alumno y la evaluación realizada por el tutor, así como las responsabilidades administrativas del tutor y las relaciones establecidas con la jefatura de estudios.

Para ello, nos basaremos en el caso de la empresa de formación Paideia, que está impartiendo el certificado profesional HOTG0108. Creación y gestión de viajes combinados y eventos. Durante el proceso, Julia y Roberto tienen que llevar a cabo la tutorización del contenido que se imparte en teleformación, teniendo en cuenta las características de esta modalidad y planificando para ello todo el proceso a llevar a cabo, así como diseñando todos los elementos necesarios: guías, recursos, actividades, etc.

## 2. Características del alumnado

El **Real Decreto 659/2023, de 18 de julio,** por el que se desarrolla la ordenación del Sistema de Formación Profesional, establece de acuerdo a la Ley Orgánica 3/2022, de 31 de marzo, de ordenación e integración de la Formación Profesional la urgencia de transformar el enfoque de la Formación Profesional para satisfacer las demandas cambiantes de la sociedad a lo largo de toda la trayectoria laboral de los individuos, así como las exigencias del entorno productivo, es crucial. Esta medida es esencial para preservar metas esenciales en el siglo XXI, dado que el rápido cambio tecnológico y económico requiere que el capital humano esté debidamente capacitado y sea lo suficientemente flexible para adaptarse a los continuos cambios en la economía y la tecnología.

Todo ello, con el objetivo de abordar estas necesidades desarrollando un sistema eficiente y adaptable que permitirá a las autoridades facilitar tanto la capacitación continua como la readaptación de las personas a lo largo de toda su vida profesional. Además, este sistema contribuirá a ajustar la oferta formativa a la demanda laboral, un desafío crucial para el desarrollo del país.

Como ya se vio en la unidad anterior, estas acciones abarcan un amplio espectro de actuación formativa, evitando que cualquier trabajador, al margen de su situación, no pueda adquirir las competencias necesarias para mejorar su perfil profesional.

Igualmente, y adaptándose a las nuevas exigencias sociolaborales, la implementación de la modalidad virtual *(online)* es una realidad tangible. Con ella no solo se ha pretendido modernizar la formación para el empleo, sino que se ha procurado dar respuesta a las necesidades de los sujetos objeto de esta formación.

Por este motivo, la **Ley Orgánica 3/2022, de 31 de marzo,** de ordenación e integración de la Formación Profesional concreta el que se regulen los Certificados Profesionales exponiendo y desarrollando todos los aspectos de importancia relacionados con esta modalidad, incluyendo las características del alumnado que desarrollaremos a lo largo de este punto.

**NOTA**

La formación *online* tiene como principal meta el refuerzo, la modernización y la flexibilización de las enseñanzas de Formación Profesional.

## 2.1. Características y circunstancias personales del alumnado

### HILO CONDUCTOR

Marcos trabaja en una empresa familiar dedicada al alojamiento turístico, en la que están ampliando sus servicios para ofrecer a la clientela todo lo que necesitan: planificación del viaje, transporte, actividades de ocio, restauración, etc., por lo que, además de su jornada laboral habitual, debe estar disponible si se le necesita fuera de la misma, de modo que nunca sabe qué se le puede presentar y es muy difícil para él comprometerse con otras actividades sin que estas se vean interrumpidas.

Sus conocimientos vienen más de la experiencia y la práctica que de su formación en la materia, por lo que ahora quiere actualizar su formación y quiere realizar el certificado profesional HOTG0108. Creación y gestión de viajes combinados y eventos, pero no está muy seguro de que su horario laboral le permita asistir al mismo y finalizarlo con éxito. ¿Y si realiza el curso en modalidad *online?*

Marcos es un claro representante del alumnado al que beneficia la realización de formación en modalidad *online.* Y es que el alumnado que accede a cursos en esta modalidad formativa suele tener una serie de **características y circunstancias personales específicas:**

- **Discapacidad:** personas que presentan alguna discapacidad, tanto física como mental que le impida o dificulte desplazarse a un centro formativo para continuar formándose.
- **Responsabilidades familiares:** mujeres u hombres con hijos pequeños, personas que tienen algún familiar discapacitado que requiere una atención permanente, etc.
- **Dificultad horaria:** personas que, por diferentes motivos, ya sea porque estén trabajando, tengan cargas familiares o la formación presencial que quieran realizar no se ajuste a su horario, opten por la realización de cursos *online.*
- **Situación laboral:** personas que están trabajando y que su jornada laboral les impide acudir a un centro formativo para continuar su labor formativa, ya sea de reciclaje de conocimientos o de aprendizaje de una nueva profesión, o personas que están desempleadas, pero que, a la misma vez que buscan trabajo activamente, continúa formándose.
- **Mujeres en riesgo de exclusión social, o que han sufrido violencia de género:** por sus circunstancias, no quieren o no pueden relacionarse de

forma personal con un grupo amplio de personas, por lo que en la formación *online* encuentran la forma de ir relacionándose e integrándose poco a poco con el resto del grupo.

- **Ubicación geográfica:** aquellas personas que se matriculan en cursos *online* pueden proceder de pequeños pueblos cuya situación geográfica les impide desplazarse a un centro formativo, ya sea por la dificultad del terreno por el que tienen que desplazarse o por la no disponibilidad de vehículo o carné de conducir.
- **Personas con baja cualificación formativa:** es decir, que no han tenido posibilidad de seguir formándose anteriormente, y retoman la formación posteriormente, permitiéndole la modalidad *online* compaginarla con otras actividades o responsabilidades, además de desarrollar habilidades informáticas.

Todas las personas con las características que se han descrito tienen acceso a la realización de cursos de formación mediante la modalidad *online,* ya que debido a sus circunstancias personales, laborales o geográficas no pueden continuar formándose presencialmente.

Y en estos casos la labor del tutor es fundamental, ya que durante el curso debe tener en cuenta en todo momento las circunstancias particulares de cada participante, adaptando y negociando con el alumnado sobre todos los aspectos que afecten al proceso formativo.

## ACTIVIDAD COMPLEMENTARIA

13. Reflexiona sobre los motivos por los que te has decidido por la modalidad *online* a la hora de realizar esta acción formativa. ¿Se te ocurren otros factores, además de los mencionados, que influyan en la elección de la modalidad formativa?

## 2.2. Requisitos del alumnado para acceder a la Formación Profesional

### HILO CONDUCTOR

Tras convencerse de los beneficios que le puede aportar la formación *online*, Marcos decide matricularse en un curso que ha encontrado, pero al intentarlo, le comunican que no puede, pues solo disponen de plazas para personas desempleadas. Tendrá que seguir buscando un curso que se adapte a sus necesidades y para cuyo acceso cumpla los requisitos pertinentes.

En lo que respecta a los requisitos del alumnado para el acceso a acciones formativas en modalidad *online*, se establecen unos **requisitos genéricos:**

- Ser mayor de 16 años, lo cual indica la edad mínima para comenzar a trabajar.
- Cumplir con el perfil de alumnado que se determina en cada acción formativa.
- Superar todas las fases que se establecen previas a la realización del curso.

### RECUERDA

En la unidad 2 se desarrollaron ampliamente los requisitos generales de acceso, establecidos en la normativa correspondiente.

Pero cada comunidad autónoma establece sus propios **criterios de admisión** del alumnado para la realización de cursos de Formación Profesional en modalidad *online*, así como unos **requisitos de acceso específicos** a las acciones formativas:

**Criterios de admisión**

- Personas ocupadas laboralmente o desempleadas que **acrediten una formación relacionada con el curso** de Formación Profesional que quieran realizar.
- Personas que se encuentren trabajando y desempleados que tengan una **amplia experiencia** en dicho sector formativo.
- El 20 % de las plazas disponibles del curso van dirigidas a personas que presentan algún tipo de **discapacidad o enfermedad.**

**Requisitos de acceso**

- Delimitar la zona geográfica para el acceso de los cursos de Formación Profesional *online*, es decir, establecer que **solamente pueden acceder alumnos que residan en la provincia o en la comarca donde se impartirá el curso.**
- Establecer acciones formativas *online* dirigidas únicamente a **trabajadores** (aportando como justificante la nómina o fe de vida laboral).
- Establecer acciones formativas dirigidas prioritariamente para **desempleados** (aportando como justificante de su situación la demanda de empleo de la comunidad correspondiente).

Cada comunidad autónoma estipula libremente, mediante leyes y decretos, los requisitos de acceso del alumnado a los cursos de Formación Profesional *online*.

## EJEMPLO

En Cataluña, y más concretamente en Barcelona, se va a impartir un curso de Formación Profesional en modalidad *online* de Adobe Photoshop CC.

Dicho curso va dirigido tanto a trabajadores como a desempleados, discapacitados, personas con dificultades horarias y geográficas, así como a mujeres en riesgo de exclusión social.

Pero la comunidad autónoma catalana ha impuesto sus propios requisitos de acceso y admisión al curso:

*Continúa en página siguiente >>*

*<< Viene de página anterior*

1. Estar en situación laboral activa (presentando la nómina del mes que comience dicho curso).
2. Tener formación previa relacionada con dicha acción formativa (presentar fotocopia de todos los títulos relacionados con el curso).
3. Se reservarán el 20 % de las plazas del curso a personas que presenten algún tipo de discapacidad (presentarán el certificado de discapacidad).
4. Por último, y en caso de que las plazas del curso no queden cubiertas, podrán acceder personas desempleadas (deberán presentar fotocopia de la demanda de empleo).

Al margen de estos criterios generales, el R. D. 659/2023, de 18 de julio, por el que se desarrolla la ordenación del Sistema de Formación Profesional, y por ende, a su vez, los Certificados Profesionales, en su artículo 67, establece la ordenación de dichos certificados, indicando que pueden acceder a ellos aquellas personas trabajadoras y jóvenes mayores de dieciocho años, o en su caso, mayores de dieciséis años que hayan dejado de cursar las enseñanza obligatoria por abandono.

Así mismo, en su artículo 70, destaca que la formación en empresa de los Certificados Profesionales poseerá un **carácter dual,** es decir, se tendrán en consideración la actividad laboral desarrollada en la empresa y la formación impartida en modalidad *online.*

Además de los requisitos del alumnado para acceder a estas acciones formativas también hay que tener en cuenta las obligaciones que las empresas formadoras tienen que cumplir en la modalidad virtual *(online).*

Estas implican, sobre todo, medidas en torno a la ratio tutor-alumno, porcentajes de aceptación y duración, entre otros factores. Como consecuencia, si los límites marcados por la Administración pública ya se han alcanzado en una convocatoria, dará igual si los aspirantes cumplen los requisitos o no; el cupo estará lleno y no podrá acceder nadie más.

Los requisitos más llamativos son:

- Respecto a los certificados de profesionalidad, en un mes natural se podrán llevar a cabo un mínimo de 50 h de formación y un máximo de 120.
- Si la jornada del tutor/formador es de 40 h semanales, la ratio máxima será de 80 estudiantes. Si posee una jornada de duración inferior, la ratio

se ajustará proporcionalmente. Para ello, se considerará una equivalencia de 10 h semanales de trabajo por cada 20 alumnos, incluyendo las tutorías presenciales.

- En caso de que la formación se lleve a cabo, en más del 50 % de su duración, mediante aula virtual, la ratio tutor-alumno será de 30 estudiantes como máximo.

### TAREA 9

Sergio es tutor de un curso sobre "Técnicas de venta por teléfono" en modalidad virtual *(online)* para personas trabajadoras y, durante el desarrollo del curso, uno de los alumnos manifiesta que el curso le parece muy aburrido, ya conoce todo lo que se está impartiendo y está pensando en abandonarlo.

Sergio se sorprende ante estos comentarios, porque este alumno no realiza las actividades del todo bien, pero a pesar de todo, ha seguido un buen ritmo y nunca ha tenido que enviarle ni un correo para recordarle fechas de entrega ni animarle a continuar con la realización de las tareas del curso.

Ante esta situación, ¿qué error crees que ha cometido Sergio en el seguimiento del progreso del alumno?

Desarrolla las acciones tutoriales necesarias para evitar el abandono del curso por parte de este alumno, consensuando la frecuencia e intercambio de valoraciones sobre el desarrollo del aprendizaje.

## 3. Elaboración de la guía del curso

### HILO CONDUCTOR

Marcos ya ha encontrado el curso que buscaba, impartido por la empresa de formación Paideia. Está un poco nervioso porque nunca ha realizado un curso en esta modalidad, ¿cómo se desarrollará este tipo de formación? ¿Le atenderán de forma satisfactoria si tiene problemas para su realización?

*Continúa en página siguiente >>*

<< Viene de página anterior

Una semana antes de su comienzo, Julia, su tutora, le ha enviado una guía del mismo. Consultándola, parece que todo el desarrollo del curso está perfectamente organizado y planificado. Los medios para realizarlo y aspectos técnicos quedan claramente explicados. ¡Con esta ayuda ya no parece tan difícil!

La Formación Profesional en su modalidad *online* tiene como finalidad facilitar el acceso a una formación adaptada a las necesidades, tanto de personas ocupadas como desempleadas, cuya situación, horarios o ubicación imposibilita el acceso a un centro formativo.

El tutor, experto en contenido, tiene como responsabilidad la creación de un programa formativo que compita en calidad con los cursos presenciales, favoreciendo e **incrementando con ello la participación del alumnado,** sus **experiencias y satisfacciones.** Por ello, tanto el tutor como su acción tutorial son dos factores imprescindibles para la creación y el buen desarrollo de una acción formativa.

Todo tutor, antes de la realización de un curso de Formación Profesional *online,* debe elaborar una **guía de curso** para el usuario o el alumnado, apoyándose en las TIC, que permitirá:

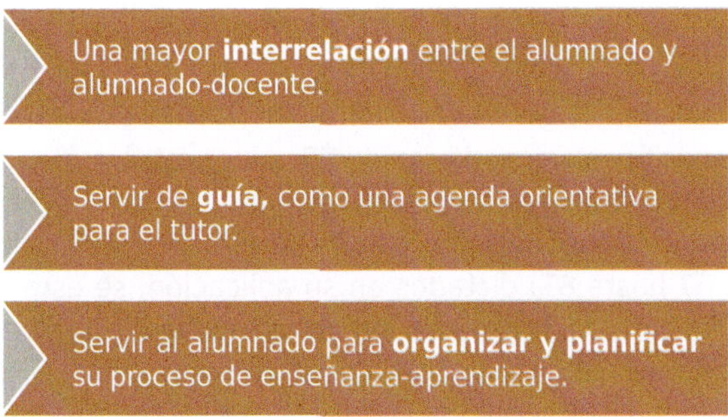


Con la guía del curso que va a realizar, Marcos podrá observar toda la información detallada del mismo y dado el poco tiempo del que dispone, podrá ir organizándose y planificando el desarrollo de la acción formativa.

Para ello, en la guía podrá acceder a la siguiente información:

- **Plataforma:** la plataforma a la que van a acceder: acceso, estructuración y organización, uso.
- **Requisitos técnicos:** para el acceso al curso, tanto en *software* como *hardware,* para poder acceder al curso y visualizar correctamente todos los recursos que se presentan en él.
- **Material formativo:** los materiales de estudio de los que se disponen, su estructuración, finalidad, etc.
- **Objetivos:** los objetivos educativos que deben cumplirse, quedando clara al alumnado la meta a alcanzar.
- **Metodología:** la metodología que se va a seguir, conociendo así el alumnado la forma en que debe actuar en todo momento.
- **Cronograma:** el cronograma de temporalización de las actividades y las evaluaciones que tendrán que realizar a lo largo de su desarrollo.
- **Criterios de evaluación:** los criterios de evaluación, de forma que el alumnado oriente sus acciones al cumplimiento de los mismos.
- **Orientaciones para el estudio:** para que el alumnado tenga una guía y pautas sobre cómo comenzar a desenvolverse en el curso, y cómo actuar en cada momento.
- **Sistema de tutorías:** información sobre el sistema de tutorías, con identificación del equipo de tutores de cada módulo formativo, tipo de tutorías que se desarrollarán (virtuales y, en su caso, presenciales) y procedimientos de contacto. Cuando proceda, organización y calendario de realización de las tutorías presenciales.

## IMPORTANTE

Para la formación relacionada con certificados profesionales en el R. D. 659/2023, de 18 de julio, por el que se desarrolla la ordenación del Sistema de Formación Profesional, y los artículos por los que se establecen certificados profesionales (artículos 67 hasta 81) dictados en su aplicación, se establece la información que debe incluirse en la guía del alumnado, entre la que se encuentran, además de la anteriormente citada, los siguientes temas:

- Ordenación
- Currículo
- Flexibilidad de la oferta de Grado C
- Formación en empresa
- Formación en empresa u organismo equiparado en régimen general
- Estancia en empresa u organismo equiparado en régimen intensivo
- Exención de la estancia en empresa

*Continúa en página siguiente >>*

*<< Viene de página anterior*

- Repetición de la formación
- Acceso
- Pruebas de acceso
- Planificación y programación de la oferta
- Evaluación de la formación
- Titulación y efectos
- Vías de obtención del Grado C de formación profesional
- Expedición de los certificados profesionales

## 3.1. Aspectos a tener en cuenta en la elaboración de una guía del curso

### HILO CONDUCTOR

No solo Marcos está nervioso; los tutores, Julia y Roberto también lo están, y no solo por el comienzo de la acción formativa en el que desempeñarán un papel relevante, ya que antes de su comienzo, también han tenido una gran carga de trabajo que repercutirá en el desarrollo de la acción formativa.

Al desarrollarse el curso en modalidad *online*, hay que tener en cuenta que el tutor o tutora del curso, aunque vaya a estar disponible en todo momento mediante las herramientas de comunicación disponibles en la plataforma, no estarán presentes en el momento en el que el alumnado tenga su primer contacto con la acción formativa, por lo que los participantes deben disponer de toda la información sobre la misma a su alcance, de modo que puedan **organizar y planificar su trabajo de forma autónoma y responsable.**

Para elaborar el material del curso e ir seleccionando aquellos elementos que se incluirán en la guía, Julia y Roberto han tenido que considerar una serie de aspectos relativos a la acción formativa, teniendo especialmente en cuenta la modalidad en la que se desarrolla.

Los **principales aspectos que se deben tener en cuenta** en la elaboración de un curso en modalidad *online* y que deben, por tanto, reflejarse en la guía del alumnado, son los siguientes:

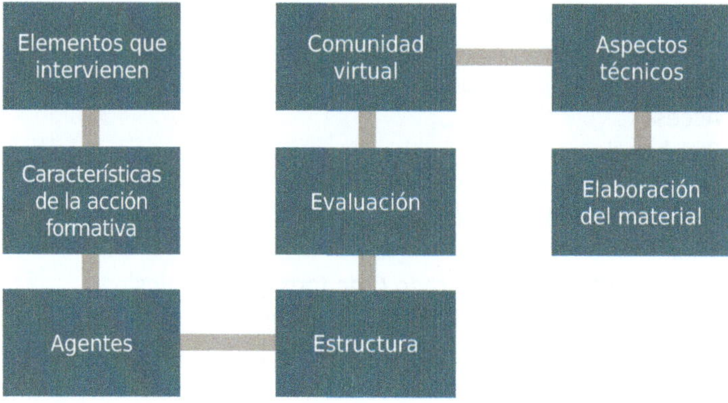


## 3.2. Elementos que intervienen en los cursos *online*

Todos los elementos del curso estarán disponibles en **formato virtual**, así como todas las actividades y las formas de comunicación serán realizadas con la ayuda de medios tecnológicos, adaptándose siempre a las necesidades que presente el alumnado.

Por lo tanto, hay que contemplar todos estos aspectos a la hora de elaborar la guía, para que el alumnado conozca exactamente todos los recursos y posibilidades de las que dispone.

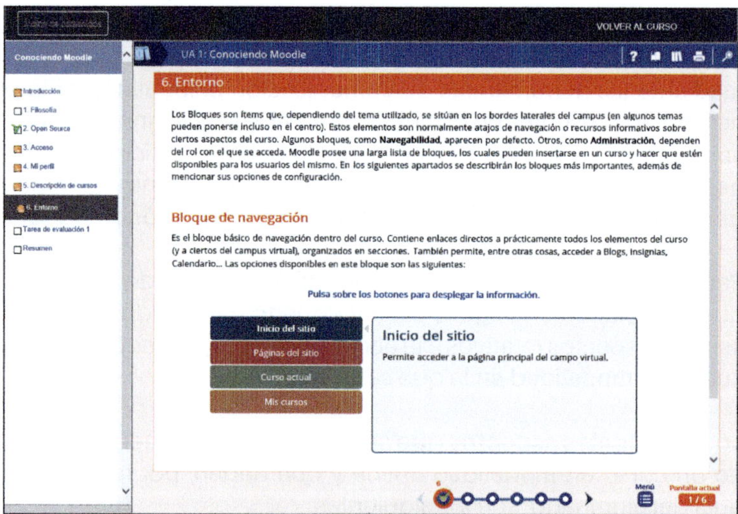


*Ejemplo de curso online*

## EJEMPLO

El contenido en formato virtual se suele presentar utilizando algún tipo de estándar en el que el avance que va realizando el alumnado al trabajar el contenido va quedando registrado, y va reflejando información sobre el porcentaje de contenido que se ha visualizado.

En ese caso, en la guía debe darse al alumnado la información respecto a su funcionamiento, e indicarle que para darse por completado el estudio de la unidad que se esté trabajando se debe haber visitado el 100 % del contenido.

## 3.3. Características de las acciones formativas virtuales

Los cursos realizados de forma *online* se caracterizan por:

- El **número de participantes** suele ser mayor que en la formación presencial.
- La **facilidad para contactar con el docente** y con los demás participantes a través de las herramientas de comunicación, como *e-mails,* foros o chats.
- La **disponibilidad de horario** para el acceso a la realización de la formación.
- Los **tutores actúan como guías,** orientando al alumnado en su proceso de descubrimiento de **nuevos aprendizajes.**
- El alumnado deberá **conectarse al curso mediante la utilización de la plataforma** de forma frecuente, para así adquirir hábitos de estudio que eviten el riesgo de abandono.

*Una de las características principales de la formación online es la flexibilidad temporal.*

**NOTA**

Como orientación, se establece una dedicación al tiempo de estudio de tres horas diarias, aunque cada programa formativo establece su propio tiempo de realización, pudiendo ser mayor o menor.

## 3.4. Agentes que intervienen

Entre las principales personas que intervienen en el desarrollo de los cursos *online,* destacan:

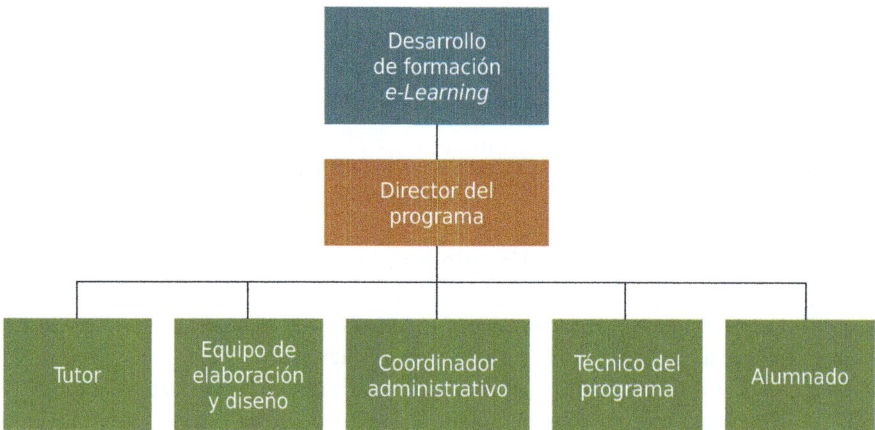


A continuación, se analizan los principales elementos del esquema:

- **Director del programa:** es el principal responsable del curso, es responsable del diseño y la selección del profesorado que lo va a impartir.
- **Tutor de la acción formativa:** sus funciones son la organización y programación de los contenidos elaborados por el equipo de diseño, la creación de actividades y materiales complementarios a ese contenido, actuar como facilitador de conocimientos y realizar un seguimiento y una evaluación continua de las tareas llevadas a cabo por el alumnado para posteriormente determinar la obtención del título de Formación Profesional.

- **Equipo de elaboración y diseño:** su función es elaborar el contenido a impartir, en función de las directrices fijadas en la normativa correspondiente y a las indicaciones del director del programa. La información tendrá que estar adaptada, si así se requiere, al aula virtual.
- **Coordinador administrativo:** cumple funciones similares a las de la Secretaría de un centro formativo ordinario, tales como gestionar las matrículas, publicar listados, ubicar estudiantes, asignarlos a los tutores, comunicar incidencias, atender al público, etc.
- **Técnico del programa:** es el encargado de las TIC, el aula virtual y todo lo relacionado con este ámbito. De la parte que más nos interesa, el técnico tendrá que dar de alta a los estudiantes en la plataforma, subir los contenidos, editarlos y ajustarlos a ella, resolver incidencias técnicas y otras funciones similares.
- **Alumnado:** antes de la realización del curso se deben observar y delimitar sus características personales y sociolaborales. Es necesario tener presente la formación previa, su experiencia laboral y el dominio que posean sobre las TIC.

## 3.5. Estructura de los cursos *online*

Para la creación de cursos de formación *online* es imprescindible el diseño y el desarrollo de unidades de aprendizaje, que se puede estructurar de diferentes formas, entre las cuales destacan:

- **Estructura lineal:** cada unidad viene establecida en un orden predeterminado de antemano.
- **Estructura en forma de árbol:** en ella, los temas y los subtemas se pueden establecer y examinar de forma global o detallada, según lo requiera la acción formativa y el tutor que lo diseñe.
- **Estructura de hipertexto:** el alumnado puede acceder a todas las unidades de aprendizaje según el orden que crea conveniente.

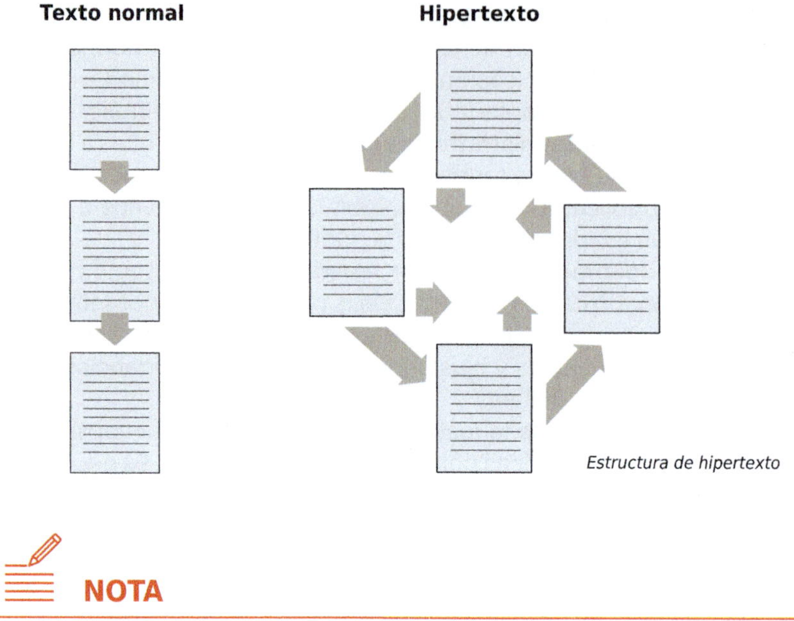


Estructura de hipertexto

## NOTA

La estructura de las unidades de aprendizaje de un curso *online* no puede ser excesivamente corta, pues disminuiría la eficacia del curso para el alumnado. La estructura ideal es aquella que proporciona todos los materiales, los contenidos, las actividades y las evaluaciones en un orden coherente e interrelacionado, que permita al alumnado avanzar en su progreso cognitivo, así como retroceder o avanzar en los contenidos según su nivel formativo adquirido.

## ACTIVIDAD COMPLEMENTARIA

14. Analiza la estructura de la acción formativa en la que estás participando. ¿De qué tipo de estructura se trata? ¿Qué características tiene?

## 3.6. Elaboración de material

Para la elaboración de un curso es necesario establecer un orden lógico que responda a un **patrón o plantilla,** la cual será diseñada de manera que el estudiante se sienta totalmente en libertad y cómodo ante lo que está aprendiendo. Los colores, los elementos de navegación, la distribución de las unidades didácticas y de las páginas deben ser iguales a lo largo de todo el curso, debe haber homogeneidad.

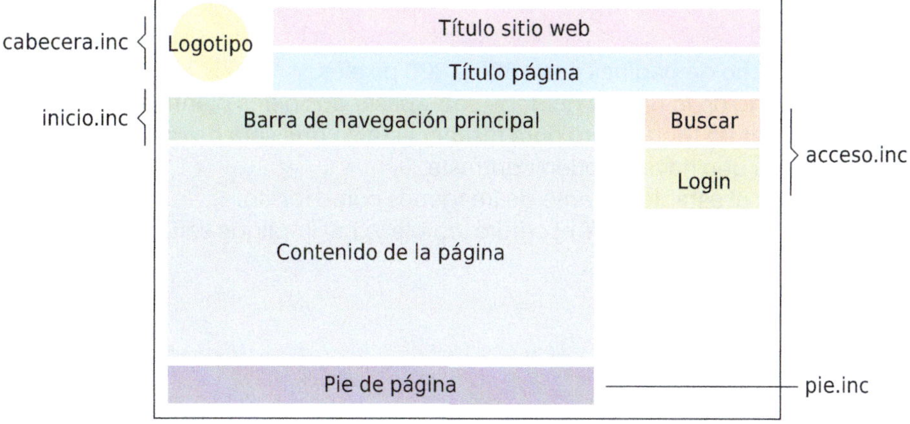


*Diseño y posición de los elementos de un contenido web*

Los **documentos** insertados en los cursos *online* se caracterizan por su sencillez y efectividad a la hora de transmitir un contenido formativo; por ello, deben ser fáciles de leer, atractivos visualmente y simples. ¿Quieres conocer algunos **consejos para su elaboración?**

El contenido debe elaborarse con las siguientes características:

- Párrafos cortos y utilización de viñetas o dibujos explicativos.
- Subrayado de palabras importantes.
- Creación de títulos y subtítulos para indicar la prioridad y los conocimientos.
- Evitar utilizar términos religiosos o expresiones locales.
- Citar las fuentes de textos e imágenes.

## 3.7. Aspectos técnicos y de diseño

Lo primero que debe tenerse en cuenta en relación a este aspecto es la **infraestructura técnica,** pues a la hora de elaborar la guía es muy importante conocer el tipo de conexión a internet que se requiere, así como los requisitos en cuanto a *hardware* y *software* que se necesitan para acceder al curso.

Otro aspecto a tener en cuenta es el **diseño técnico** del material formativo. Es importante señalar que para la creación de contenidos *online*, así como para la elaboración de páginas web relacionadas con dichos cursos, se utilizan determinadas aplicaciones informáticas como Dreamweaver, Webplus, herramientas de autor, etc., que permiten la elaboración de numerosos contenidos siguiendo unas **reglas específicas** determinadas para cursos *online*:

- El ancho de páginas entre 600 y 800 píxeles.
- El largo de la página no debe sobrepasar dos o tres plantillas.
- Utilizar un fondo claro para resaltar el texto que será de color oscuro, de forma que haya un buen contraste.
- Evitar el establecimiento de imágenes como fondo.
- Utilizar una fuente de escritura legible y que implique seriedad (Arial, Tahoma, Verdana, etc.).

### NOTA

El **primer contacto visual** del alumnado con la plataforma, a través de la cual va a llevar a cabo el curso, es muy importante para su posterior progreso en él, pues las personas, inconscientemente, analizan el exterior del curso previo a su estudio y si le es agradable continúan con él. Además, otro factor importante es la **duración,** ya que un curso muy largo provoca agobio y desánimo, al contrario que un curso corto en sus contenidos.

Además, es importante en la creación de todo curso *online* tener en cuenta que el estudiante es el que va a actuar, a aplicar los conocimientos adquiridos, así como a interactuar con sus compañeros, con el docente y con el contenido mismo a través de las nuevas tecnologías.

Por lo tanto, al realizar el diseño del curso hay que tener en cuenta todos los **elementos de interacción** que deben incluirse en el mismo, y cuyo funcionamiento debe ir a su vez explicado en la guía del alumnado.

## EJEMPLO

Si en un curso se incluye un simulador formativo, en la guía se deben incluir instrucciones respecto a su funcionamiento y uso.

## ACTIVIDAD COMPLEMENTARIA

15. Reflexiona sobre los elementos y características que incluirías en el diseño de una plantilla para un curso en modalidad *online*. Represéntalo en un documento de texto o presentación, en el que se distingan claramente todos los elementos y características de la misma (recursos, colores, etc.).

## 3.8. Comunidad virtual

En todos los cursos, tanto presenciales como virtuales, es fundamental que el alumnado se sienta parte de un grupo o comunidad educativa, y que se tengan en cuenta sus opiniones y, aún más, si el curso se realiza *online*.

El personal docente, en este caso, introducirá oportunidades de **trabajo colaborativo** que permitan la interacción entre el alumnado. Para ello, los estudiantes deben:

- **Participar** en discusiones propuestas por el tutor a través de foros y chats.
- **Intercambiar ideas,** documentos e informaciones a través de *e-mails*.
- **Apreciar, valorar y respetar** las ideas establecidas por los demás.

## APLICACIÓN PRÁCTICA

**Una tutora ha planteado una actividad colaborativa que se realiza a través del foro, en la que cada uno de los participantes debe realizar su aportación al debate establecido y guiado por la tutora, de modo que se encuentre una solución conjunta al problema planteado.**

**Finalmente, el alumnado debe entregar una actividad individual sobre la resolución conjunta de la actividad, en la que se sinteticen los puntos tratados y soluciones adoptadas, así como su punto de vista al respecto.**

**Pero se encuentra con el caso de una alumna que no realiza aportación alguna al debate, simplemente comenta "Estoy de acuerdo con mi compañero" y, al entregar la actividad, simplemente copia y pega lo que otros compañeros han escrito en el foro, ¿de qué forma podría la tutora dar solución a este caso, utilizando para ello las herramientas de comunicación disponibles en la plataforma?**

**Solución**

La docente debe dirigirse a la alumna, aprovechando su comentario ("Estoy de acuerdo con mi compañero") para integrarla en el debate, haciéndole alguna pregunta al respecto y animándola a participar, de forma que se sienta animada y a la vez condicionada para hacerlo, pero sin sentirse por ello atacada, presionada o avergonzada ante el grupo. Es importante no dirigirse a ella de forma brusca y autoritaria, recriminándole su conducta, ya que puede conseguirse todo lo contrario a lo que se pretende.

Por otra parte, si la alumna no reacciona a los intentos de interaccionar con ella a través del foro, se le puede enviar un *e-mail* o usar la mensajería instantánea, para recordarle la importancia de la comunicación y el carácter colaborativo de la actividad, orientándola sobre el modo de actuar en su realización. De este modo le quedará claro el procedimiento y responsabilidad que tiene en la realización de actividades y el proceso formativo en general.

### Herramientas para la construcción de la Comunidad virtual

Para llevar a cabo el trabajo colaborativo y el desarrollo de la comunidad virtual, son esenciales las **herramientas de comunicación.** En la guía del alumnado se debe presentar la información necesaria acerca de las herramientas disponibles, así como indicaciones y orientaciones para su uso.

Una de las herramientas más utilizadas son los **foros de discusión,** que son herramientas asíncronas que permiten al alumnado debatir un tema expuesto por el tutor o por otro compañero, estableciéndose la comunicación en tiempo diferido, es decir, debe transcurrir un periodo de tiempo, que puede ser relativamente corto, para que otro compañero o incluso el tutor pueda responder.

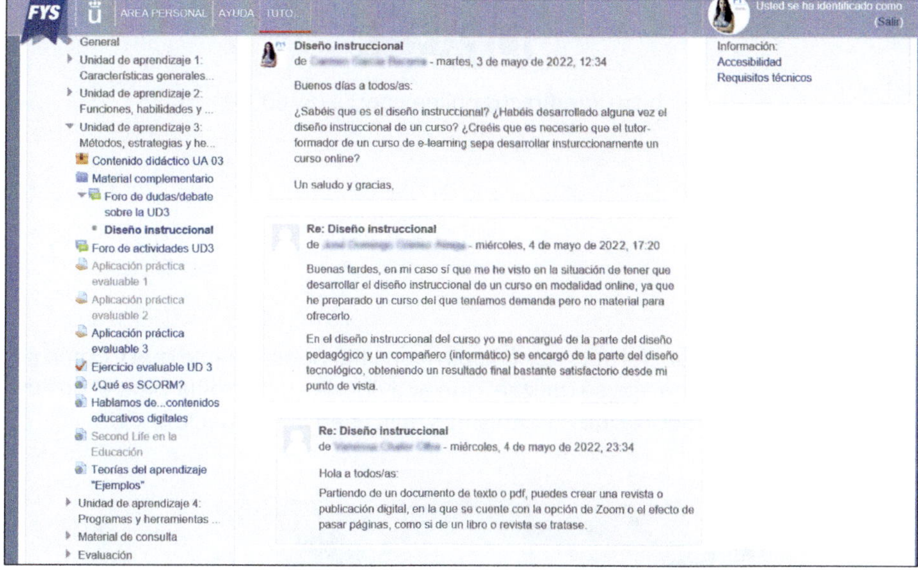


*El foro de discusión, también denominado tablón de anuncios, permite que distintas personas se comuniquen en tiempo no real.*

Además de las herramientas de comunicación propias de la plataforma como son el **correo electrónico, foros y chats,** en la actualidad se incluyen cada vez más las herramientas de comunicación externas a la plataforma, como es el caso de las **redes sociales.**

## PARA SABER MÁS

Consulta, en el siguiente enlace, las razones por las que es importante la comunicación y el uso de las redes sociales en educación:

https://redirectoronline.com/uf16460301

## 3.9. Evaluaciones

Para la evaluación del curso *online* es necesario cuestionarse qué y cómo se aprende, qué recursos se utilizan, qué actividades desarrollar para el aprendizaje del alumnado, qué mecanismos utilizar en la evaluación, etc.

*La evaluación debe ser un proceso integral, en el que no solo se valoren los resultados académicos del alumnado y en el que intervengan diferentes agentes.*

Por lo tanto, para la **creación y elaboración** de una evaluación se deben tener en cuenta numerosos aspectos, entre los cuales destacan:

- ¿Qué se pretende medir con esta evaluación: grado de conocimientos, nivel alcanzado, utilización de herramientas interactivas, etc.?
- ¿Qué conocimientos son más significativos?
- ¿Qué alumnado es al que se dirige este proceso formativo?
- ¿Qué tiempo de realización es el más adecuado para la ejecución de esta acción formativa?

## IMPORTANTE

Todas estas cuestiones deben ser planteadas por el tutor antes de la ejecución del proyecto formativo, pues solamente de este modo se ajustará a la realidad y al perfil que se pretende establecer con el curso.

El Real Decreto 659/2023, de 18 de julio, por el que se desarrolla la ordenación del Sistema de Formación Profesional, establece en su artículo 78 con respecto a la evaluación de la formación de los Certificados Profesionales, lo siguiente:

1. *La formación deberá ser objeto de una evaluación continua destinada a comprobar la adquisición de las competencias profesionales y para la empleabilidad, así como los resultados de aprendizaje de acuerdo con lo recogido en al artículo 18 de esta disposición*
2. *Los métodos e instrumentos de evaluación se adecuarán a la naturaleza de los distintos tipos de resultados de aprendizaje a comprobar y se acompañarán de los correspondientes soportes para su corrección y puntuación, de manera que se garantice la objetividad, fiabilidad y validez de la evaluación, así como la accesibilidad mediante el establecimiento de medidas y condiciones de realización de los procesos de evaluación adaptados a las necesidades de las personas en formación.*
3. *La evaluación final atenderá a la globalidad de resultados de aprendizaje. Para poder presentarse a la prueba de evaluación final de un módulo profesional la persona en formación deberá justificar una asistencia de, al menos, el 75 por ciento de las horas totales del mismo en la modalidad presencial, o un 75 por ciento de las actividades de aprendizaje en la modalidad virtual realizadas y superadas en, al menos, el 70 ciento, con independencia de las horas de conexión.*

4. *El seguimiento y evaluación de la formación en empresa de las personas en formación se recogerá en la evaluación y calificación de cada módulo profesional en los términos descritos en esta disposición.*
5. *Cada módulo profesional tendrá una calificación numérica, entre uno y diez, sin decimales, y quedará reflejado como «superado o «no superado» junto a la citada calificación numérica. Se considerarán positivas las puntuaciones iguales o superiores a cinco puntos.*
6. *La superación del certificado profesional corresponderá a una decisión colegiada del equipo docente, y se tomará atendiendo al conjunto de competencias incluidas en la formación y los resultados de aprendizaje.*
7. *La calificación final a consignar en el certificado profesional será la media aritmética expresada con dos decimales.*
8. *El profesorado, formadores, formadoras y personas expertas reflejarán documentalmente los resultados obtenidos por la persona en formación en los documentos de evaluación, de acuerdo con el artículo 19 de esta disposición.*

Así mismo, en lo que respecta al profesorado, personal formador y expertos dedicados al desarrollo de los certificados profesionales, en el artículo 167 de dicha normativa se relatan las condiciones específicas de dichos profesionales:

- Ser responsable de los procesos de innovación y actualización digital.
- Coordinar la internalización del centro y de los alumnos.
- Sistematizar el servicio de orientación profesional, emprendimiento y la acreditación de las competencias alcanzadas por el alumnado.
- Participar en los proyectos relacionados con la investigación y la innovación.

## IMPORTANTE

La formación continua es un derecho y una responsabilidad tanto para el personal docente y formador del Sistema de Formación Profesional como para las administraciones y los centros educativos que imparten este tipo de formación.

## 3.10. Elementos de la guía del curso para el alumnado

### HILO CONDUCTOR

Una vez que se han analizado todos los aspectos que deben ser considerados en la elaboración de un curso *online*, puede prepararse la guía final que se presentará al alumnado.

El Real Decreto 659/2023, de 18 de julio, por el que se desarrolla la ordenación del Sistema de Formación Profesional, en su capítulo III Fases previas a la instrucción del procedimiento, en el artículo 181. Información y orientación, instaura que el Ministerio de Educación y Formación Profesional y las administraciones competentes pondrán a disposición de todas las entidades que proporcionen servicios de información y orientación, los instrumentos y recursos de apoyo, así como las guías de evidencia, que faciliten que las personas participantes identifiquen su competencia profesional, entre los que constarán, al menos, una guía para las personas candidatas y para las figuras de asesoro y evaluador o evaluadora, cuestionarios de autoevaluación de los estándares de competencia, y guías de evidencia de los estándares como apoyo técnico para realizar el proceso de evaluación.

Dicha guía constará de los siguientes elementos:

1. **Presentación:** se informará al alumnado de la utilidad de la guía y objetivos de la misma, así como los principales elementos que incluye.
2. **Datos de la acción formativa:** contemplará la identificación del certificado profesional al que se refiere, indicando, como mínimo, su denominación, nivel, familia profesional en la que se integra y cualificación profesional a la que se refiere, así como información sobre el entorno profesional.
3. **Perfil del alumnado:** se indicará el perfil de alumnado al que va dirigida la acción formativa, con indicación de los requisitos formativos y profesionales (criterios de acceso).
4. **Requisitos técnicos:** se indicarán los requisitos de *hardware* y *software* necesarios para realizar la acción formativa en modalidad de teleformación (tipo de ordenador, periféricos asociados si los hay, navegadores, conexión y programas informáticos).
5. **Objetivos:** se presentarán el objetivo general y los objetivos específicos de la acción, expresados de forma clara y comprensible de tal forma que compendien de manera resumida y breve la competencia general que hay que lograr al finalizar la acción formativa.

6. **Organización general de la acción formativa:** se concretará su estructura (en su caso, relación de módulos y/o unidades formativas) y calendario de impartición, con fechas de inicio y finalización.
7. **Funcionamiento de la acción formativa:** se dará la información al alumnado sobre el funcionamiento de la acción formativa para su correcto desarrollo, de forma que les quede claro cómo desenvolverse en la misma y todos los elementos que incluye, como son los botones, navegación, herramientas, recursos y utilidades.
8. **Sistema tutorial:** se informará sobre el sistema de tutorías, con identificación del equipo de tutores de cada módulo formativo, tipo de tutorías que se desarrollarán (virtuales y, en su caso, presenciales) y procedimientos de contacto. Cuando proceda, organización y calendario de realización de las tutorías presenciales.
9. **Plan de trabajo y orientaciones para su desarrollo:** se describirán de forma ordenada y secuenciada temporalmente las actividades que tiene que realizar el alumnado a lo largo de la acción formativa, precisando tanto las actividades propuestas (determinando las tutorías presenciales, en su caso) como las pruebas de evaluación, así como de la estimación de la dedicación necesaria por parte del alumno, que ha de incluir tanto el tiempo de trabajo autónomo como el de evaluación, con indicación del número/promedio de horas de dedicación diaria/semanal que requiere el seguimiento adecuado del curso y una orientación sobre cómo organizar el trabajo para un mejor aprovechamiento del esfuerzo.
10. **Sistema de evaluación del aprendizaje:** se hará referencia tanto al sistema de evaluación durante el desarrollo de la acción formativa, con indicación de su finalidad, procedimientos que se emplearán, frecuencia e instrumentos de evaluación (trabajos, actividades, pruebas evaluables) y plazos de presentación; como al sistema de evaluación final, que precise objetivos, trabajos evaluables (individuales o grupales) y pruebas finales por módulo (presenciales), con calendario y lugar de realización, así como sistema de puntuación.
11. **Efectos de la evaluación positiva:** se describirá cómo tendrá lugar la obtención del certificado profesional o de acreditaciones parciales acumulables, procedimientos, forma, lugares y plazos de solicitud y trámites que hay que realizar.
12. **Servicio de atención al usuario:** se indicarán los servicios disponibles para consultar y resolver incidencias o problemas técnicos vinculados a la utilización de *software* o *hardware* (tutoría técnica, FAQ, etc.), con información sobre las formas de contactar con el mismo, su calendario y horario de atención.

Los aspectos anteriormente mencionados, y que deben estar presentes en todas las guías del alumnado, son aspectos generales, que pueden sufrir modificaciones según el curso de Formación Profesional que se vaya a realizar.

### PARA SABER MÁS

En la guía del alumnado, o bien por separado en una "Guía de navegación", se les deben dar a los participantes unas orientaciones y pautas para el uso de la plataforma de formación. Observa este ejemplo de guía de uso de la plataforma Moodle:

https://redirectoronline.com/uf16460302

### TAREA 10

Te encuentras tutorizando un curso en modalidad virtual *(online)* para un grupo de alumnos pertenecientes a la misma empresa.

Durante el desarrollo del mismo te encuentras con que las actividades entregadas por los participantes son iguales, está claro que han copiado, ¿qué medidas puedes tomar al respecto?

## 4. Tareas y actividades, su evaluación y registro de calificaciones

### HILO CONDUCTOR

Para completar el apartado de evaluación en la guía del alumnado, Julia y Roberto deben saber antes qué tipos de tareas incluirá en el curso y con qué frecuencia, así como los criterios que, de forma general, utilizará para evaluarlas.

Los tutores de los cursos de Formación Profesional en la modalidad *online* deben desarrollar un conjunto de tareas metodológicas, basadas en el desarrollo de **actividades de aprendizaje activas y participativas,** cuyo fin es el **"aprender haciendo".**

En este sentido, en el desarrollo de actividades o ejercicios propuestos por el tutor en la modalidad *online,* **se deben establecer una serie de parámetros,** de modo que las actividades planteadas al alumnado se realicen con **total claridad y coherencia,** evitando con ello la aparición de posibles dudas por parte del alumnado y garantizando la consecución de los objetivos planteados para dicha acción formativa.

Para ello, las actividades desarrolladas por el docente deben tener una serie de características, entre las que se encuentran:

- **Claridad:** las actividades deben estar redactadas en un lenguaje claro, sencillo y directo, de forma que el alumnado pueda comprender con facilidad qué se espera de su realización.
- **Coherencia:** las actividades deben desarrollarse de forma explícita y coherente con los contenidos del curso.
- **Base de conocimientos previos:** las actividades deben plantearse sobre la materia en la que el alumnado tenga conocimientos previos.
- **Recursos de apoyo:** en las actividades debe indicarse qué recursos son necesarios y en cuáles se puede apoyar el alumnado para llevarlas a cabo con éxito.
- **Criterios de evaluación:** se deben establecer unos criterios de evaluación para cada una de las actividades planteadas.
- **Sentido colaborativo:** las actividades deben ser, en la medida de lo posible, participativas y colaborativas, por lo que se deben desarrollar foros en los cuales se pueda discutir abiertamente y con el resto de compañeros acerca de la actividad.

## SABÍAS QUE...

La expresión "aprender haciendo" deriva del desarrollo de un conjunto de actividades por parte del alumnado, el cual, a través de la realización de dichas actividades, conseguirá adquirir los conocimientos necesarios establecidos en el curso de Formación Profesional, dando lugar así a la consecución de los objetivos planteados en dicho curso. Aprender haciendo es aprender de forma autónoma mediante la realización individual de actividades de aprendizaje.

## 4.1. Elementos de una actividad *online*

### HILO CONDUCTOR

Tras decidir el contenido de las tareas, Julia y Roberto las preparan y se las envían por correo electrónico a su compañero Joaquín, encargado de revisar el material antes de insertarlo en la plataforma de formación.

Joaquín les responde comentándoles que las tareas están muy bien y son prácticas y participativas, pero que deben hacer algunas modificaciones, ya que también deben ser homogéneas, ¿a qué se referirá con eso?

Una vez establecidas las características que deben presentar las actividades desarrolladas en modalidad *online,* es necesario plantear en el desarrollo de una acción formativa concreta una **plantilla de actividades,** con el objetivo de homogeneizar su elaboración.

Por lo tanto, todas las actividades que se planteen deben basarse en dicha plantilla, que contendrá los siguientes **elementos:**

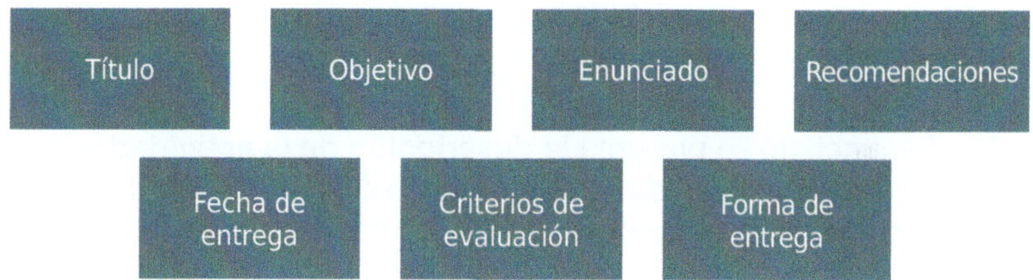


### Título

El **título de la actividad** a desarrollar debe ser significativo, deduciéndose de él lo que se quiere conseguir con dicha actividad. Además, debe servir para que el alumnado la **contextualice, mediante la numeración** que se le asigne. Por ejemplo, si es la primera actividad de la unidad didáctica 1, será la actividad 1.1.

Actividad 1.1. Requisitos de accesibilidad

## Objetivo

El **objetivo de la actividad** debe quedar desde el primer momento **claro** para el alumnado, de forma que este oriente la realización de la actividad hacia la consecución del mismo.

 EJEMPLO

**Objetivo**
Identificar los requisitos de accesibilidad web que deben cumplirse según la normativa vigente.

## Enunciado

En el enunciado se presenta la **descripción de la actividad y los pasos a seguir** en la ejecución de la misma si es necesario. En esta fase deben plantearse cuestiones, tales como: ¿qué debo hacer?, ¿cómo debo hacerlo?

 EJEMPLO

**Enunciado**
Un alumno con un déficit visual va a realizar un curso en modalidad *online* sobre "Ofimática en la nube: Google Drive". Para ver dicho curso, consulte el enlace que se presenta a continuación: <https://www.juntadeandalucia.es/organismos/sae/servicios/cursos-fpe-estatal/detalle/246434.html>.

*Continúa en página siguiente >>*

*<< Viene de página anterior*

Pero antes de inscribirse, debe verificar que no va a tener ningún problema durante su realización, debido a su capacidad visual. ¿Qué requisitos de accesibilidad debe tener el curso para que este alumno pueda realizarlo sin ningún incidente? ¿Cumple en este caso los requisitos?

## Recomendaciones

En este apartado se darán **sugerencias y recomendaciones** para la realización de la actividad. Son posibles pistas que el tutor debe establecer para que el alumnado lleve a cabo la actividad mediante la utilización de diferentes recursos (libros, internet, etc.).

### EJEMPLO

**Recomendaciones**

Para la realización de la actividad puede ayudarle la consulta de:

- Unidad didáctica 1
- UNE 66181:2012: Gestión de la calidad. Calidad de la formación virtual.

## Fecha de entrega

Aquí se presentará una **agenda** o **cronograma de actividades,** estableciendo las fechas en las que comienzan y finalizan las actividades. El alumnado debe obtener respuesta a la pregunta: ¿cuándo debo hacerla?

**Fecha de entrega**
Para la realización de la actividad el tiempo estimado es de 3 h.

La actividad debe entregarse antes del día 20 de febrero.

## Criterios de evaluación

Se deben establecer diferentes **parámetros** por los cuales el tutor o tutora evaluará la **actividad realizada** por el alumnado, los cuales deben conocer para cubrirlos con la realización de la actividad.

**Criterios de evaluación**
Para la valoración de la actividad se tendrán en cuenta los siguientes criterios:

- Se expresa de forma clara y concisa, utilizando un lenguaje correcto.
- Se analiza el diseño y características del curso *online*, teniendo en cuenta las necesidades del alumno.
- Conoce la normativa vigente sobre la accesibilidad web.
- Informa sobre los requisitos, si son necesarios, tanto de *software* como de *hardware* que el alumno necesita para la realización del curso.

## Forma de entrega

Se informará al alumnado de la forma en que debe entregar la actividad, el **tipo de documento** que deben elaborar, **dónde entregarla,** si se realiza de forma grupal, etc.

**Forma de entrega**
Realice la actividad en un documento de texto y, una vez elaborado, entregue la actividad a su tutor o tutora para su corrección a través del buzón de actividades.

## 4.2. Evaluación de actividades de aprendizaje

Establecidos los parámetros necesarios para el diseño de las actividades de aprendizaje por parte del tutor de una acción tutorial, posteriormente es importante la evaluación de dichas actividades de aprendizaje.

**Evaluación**
Proceso sistemático de recogida de información por el que el tutor, al examinar las actividades realizadas por el alumnado, debe determinar un juicio de valor que garantice la consecución de los objetivos establecidos previamente.

La evaluación es un proceso en el que **deben plantearse numerosos interrogantes:**

La evaluación es entendida como un proceso que tiene su origen en una situación de partida, la cual debe conocer y seguir en todo momento el tutor. Para ello, siempre cabe la posibilidad de llevar a cabo una evaluación inicial, comprobando qué conocimientos previos poseen los estudiantes.

La meta de todo el proceso es la consecución de unos determinados resultados recogidos en los objetivos de enseñanza previstos para la formación. Ahora bien, no podemos conformarnos con realizar evaluaciones solo en ciertos momentos de la dinámica formativa; la evaluación es un proceso continuo y flexible, que deberá adaptarse al proceso de enseñanza-aprendizaje y a sus posibles cambios.

## 4.3. Fases de evaluación

En cualquier proceso de aprendizaje *online*, la evaluación se caracteriza por ser desarrollada en **tres fases:**

**Evaluación inicial**

- Realizada **al principio** de la acción formativa con el objetivo de **obtener información sobre el nivel educativo y los conocimientos que poseen los participantes** en relación al curso al que están inscritos.

**Evaluación procesual o formativa**

- Se desarrolla **a lo largo de todo el curso** y su función es **recoger información sobre los logros o las dificultades** establecidas por el alumnado para realizar las oportunas modificaciones por parte del tutor y llevar a cabo con éxito el alumnado la acción formativa.

**Evaluación final o sumativa**

- Es la evaluación realizada al final de la acción formativa para **garantizar si se han cumplido los objetivos o no** por parte del alumnado.

Las tres fases de evaluación comportan la evaluación continua de todo proceso formativo, pero es la fase final o sumativa la que determina la toma de decisiones del tutor con respecto a la obtención del título de Formación Profesional y su calificación.

### DEFINICIÓN

**Calificación**
Descripción simbólica o descriptiva numéricamente del resultado de la evaluación de las actividades de aprendizaje.

Las **calificaciones** son el resultado de un **seguimiento continuo del tutor** con respecto a los avances y los progresos establecidos por el alumnado. Así, dichas calificaciones pueden ser **positivas** para alumnos que han alcanzado los objetivos previstos en la acción formativa o, por el contrario, **negativas** para aquellos que apenas han participado o no han adquirido los conocimientos mínimos exigidos.

### ACTIVIDAD COMPLEMENTARIA

16. Explica de qué forma llevarías a cabo la evaluación en un curso de "Ofimática: Hojas de cálculo". ¿Qué elementos valorarías en cada una de las fases de la evaluación? ¿Qué instrumentos utilizarías para hacerlo?

## 5. Responsabilidades administrativas del tutor

La Formación Profesional en la modalidad *online* ha supuesto un replanteamiento de las **funciones y roles del tutor** que generalmente venía realizando en la formación presencial.

La principal función de los tutores de cursos *online* consiste en establecer una estrecha relación entre el alumnado del curso y los objetivos que se pretenden conseguir con él, así como corroborar en todo momento que el alumno es partícipe, dada la adecuada utilización de la plataforma en la que se desarrolla el curso y con el cumplimiento temporal de la realización de actividades, ejercicios, tutorías y exámenes.

Así pues, entre las **principales responsabilidades o funciones** de los tutores *online* se encuentran:

**Función orientadora**

- El docente debe **servir de guía al alumnado,** orientándole en todo momento, para que este desarrolle el proceso de forma responsable y autónoma, desarrollándose personal y profesionalmente.

**Función administrativa**

- El docente debe **ser** el **intermediario** entre el centro de formación y el alumnado, organizando las acciones formativas y gestionando las comunicaciones, información sobre el alumnado, informes, etc.

**Función académica**

- El docente, como experto en el contenido, debe **proporcionar** al alumnado toda la **información sobre la materia** que este necesita conocer, pero no simplemente presentándosela ya elaborada. El docente debe hacer que el alumnado sea capaz de construir su propio conocimiento, mediante la presentación de recursos que le permitan indagar en la información según sus necesidades e intereses, así como actividades constructivas y participativas, que le lleven a ese conocimiento.

## PARA SABER MÁS

Consulta el siguiente enlace para analizar detalladamente las competencias y tareas del tutor en la formación *online:*

https://redirectoronline.com/uf16460303

## 5.1. Tareas a desempeñar dentro de la función administrativa

Las responsabilidades administrativas de los tutores *online* tienden a **establecer un estrecho vínculo entre los alumnos y la entidad organizadora del curso.** Para ello, es imprescindible que todo tutor valore y reconozca la significatividad de la acción formativa para el desarrollo de un futuro profesional en el alumno, así como que conozca en profundidad y esté implicado positivamente en el centro o en la entidad que imparte dicho curso.

NOTA

La responsabilidad administrativa de un tutor de un curso de Formación Profesional está basada en la realización de actos o acciones conforme a la organización de acciones formativas para **garantizar el pleno éxito** de dicha acción.

Entre las **principales tareas a desempeñar por el tutor conforme a su responsabilidad administrativa** destacan las siguientes:

**Planificación**

- **Proyectar y dirigir** la acción formativa.
- **Conocer al alumnado** en profundidad estudiando sus fichas y la información que se les administra a los tutores.
- **Favorecer la integración** en el curso del alumnado proporcionándole la información necesaria.
- **Ser previsores** ante las dificultades de aprendizaje que puedan aparecer entre los alumnos y plantear soluciones.
- **Incrementar la utilización de medios de comunicación asíncronos y síncronos** (chats, foros, *e-mails*, etc.) para favorecer las relaciones entre tutor-alumno y alumno-alumno.

*Continúa en página siguiente >>*

*<< Viene de página anterior*

**Fomento de las relaciones interpersonales**
- **Motivando** al alumnado en la realización del curso.
- **Fomentar la participación** del alumnado y **la consecución de los objetivos preestablecidos.**
- **Fomentar la comunicación personal** con los alumnos a través de medios telefónicos, chats, foros, etc.
- **Propiciar las relaciones entre el alumnado** a través de dichos medios y estableciendo actividades comunes para que puedan discutirlas, resolver dudas, etc.

**Seguimiento del alumnado**
- **Estar pendiente del avance** que el alumnado realiza en el curso.
- **Ayudar** en todo momento a superar las dificultades que presente el alumnado, satisfaciendo y garantizando su futuro profesional.

Es imprescindible que el tutor realice un **seguimiento individual de cada alumno** en su acción formativa, interesándose principalmente por aquellos que manifiestan un bajo nivel o un ritmo insuficiente para la superación de los objetivos preestablecidos en el curso.

## EJEMPLO

**Adrián es un profesor del área de Medio Ambiente en el Instituto de Secundaria Ramón y Cajal. Lleva impartiendo clases a alumnos de 3º y 4º de la ESO desde 2004, lo cual avala su experiencia como profesor en dicha área presencial.**

**En el año 2018, un centro formativo le propuso a Adrián ser director y ser tutor de un curso de Formación Profesional en la modalidad virtual *(online)* de Energías Renovables.**

**Él aceptó el puesto de trabajo, para el cual debía formarse, pues su experiencia se basaba en formación presencial.**

**¿Qué funciones debe desempeñar Adrián como tutor de dicho curso?**

*Continúa en página siguiente >>*

<< *Viene de página anterior*

**Solución**

Adrián tiene que formarse en numerosas áreas, entre las cuales se encuentran las nuevas tecnologías. Pero las funciones más importantes que requieren gran cantidad de tiempo y formación para Adrián son las administrativas. Adrián debe, en primer lugar, elaborar y diseñar el curso de Energías Renovables, adaptándolo de tal forma que garantice la labor profesional en un futuro de los alumnos a los cuales se dirige dicho curso. Posteriormente, conocer al grupo de alumnos seleccionado. Realizar un seguimiento formativo e informativo para estimular en todo momento a los alumnos y premiando su esfuerzo mediante mensajes positivos, así como mantener un contacto directo y diario con aquellos que presentan dificultades.

Y, por último, fomentar las relaciones interpersonales entre el alumnado mediante la formulación de debates, cuestiones abiertas, etc.

Estas son las funciones más significativas que Adrián debe aprender a desempeñar, las cuales distan mucho de la realidad presencial que él vivía con el alumnado en el aula.

## 6. Elaboración de videotutoriales con herramientas de diseño sencillas

### HILO CONDUCTOR

En el curso que está tutorizando, Roberto y Julia deben enseñar al alumnado el manejo de algunas herramientas informáticas que les permitirán calcular el valor de la tasación, y serán de gran ayuda a la hora de desarrollar su labor.

Julia recuerda que en un curso de contabilidad que realizó se presentaba la información a través de videotutoriales interactivos, que le permitían ir manejando el programa por sí misma, y realizando las acciones concretas de forma guiada. ¿Será complicado elaborar un recurso como este para incorporarlo a su curso?

Los **videotutoriales** son herramientas que aparecieron hace relativamente poco tiempo en el mundo de la formación, los cuales tienen como principal función **capturar una acción o una actividad concreta** para posteriormente desarrollarla a través de un vídeo explicativo.

## DEFINICIÓN

**Videotutoriales**
Sistemas instructivos de autoaprendizaje basados en la utilización de las nuevas tecnologías que permiten captar, grabar, procesar, almacenar, transmitir y reconstruir mediante recursos electrónicos una secuencia de imágenes explicativas para que el alumno, mediante el seguimiento de dichas imágenes y explicaciones, pueda desempeñar una determinada actividad.

Además, existe la posibilidad de que sea **interactivo,** de forma que el alumnado pueda "aprender haciendo", al ir realizando los pasos concretos de forma guiada.

## PRACTICA

Observa y practica con este ejemplo de videotutorial interactivo:

https://redirectoronline.com/uf16460304

## 6.1. Pasos en la elaboración de videotutoriales

### ☞ HILO CONDUCTOR

Decidida a incorporar este recurso a la acción formativa, Julia lo comenta con Roberto y deciden documentarse sobre la elaboración de mismo, para ver si existen herramientas sencillas que ellos sean capaces de manejar.

Pero al iniciar esta labor, se dan cuenta de que lo más importante no es la herramienta, deben realizar una serie de pasos previos que garanticen el carácter pedagógico del recurso, para que este sea realmente eficaz.

El tutor pretende, con la elaboración de un videotutorial, la **explicación detallada** de una determinada tarea, pues al realizar el curso de forma *online* el tutor no puede estar presente en la explicación para el alumnado.

Por lo tanto, hay que planificar bien su elaboración, ya que un videotutorial parece ser un recurso muy sencillo de entender por parte del alumnado, pero, sin embargo, todo tutor creador de videotutoriales debe ser consciente de que estos pueden plantearles dificultades, por lo que sus explicaciones deben ser en todo momento **claras y concisas.**

Así pues, los principales **pasos a seguir en la elaboración de un videotutorial** son los siguientes:

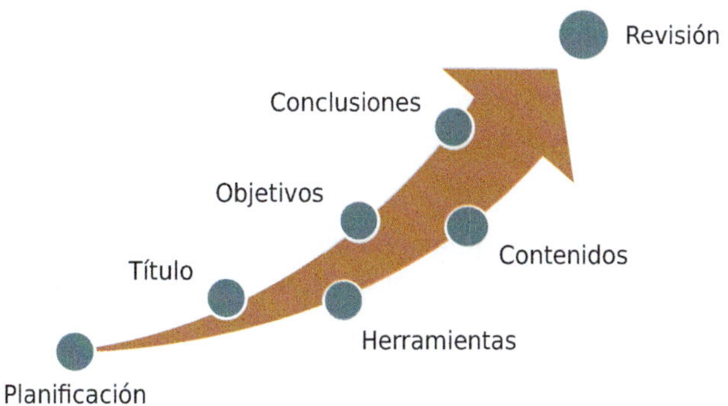

## Planificación

Antes de la realización de un videotutorial hay que **planear lo que se pretende enseñar.** Es muy importante que el tutor se haga las siguientes preguntas: **¿qué se quiere enseñar?, ¿será de utilidad dicho tutorial?, ¿es realmente necesario?,** etc.

## Herramientas

Una vez que se ha definido claramente lo que se quiere enseñar, se deben preparar todas las herramientas **necesarias para la elaboración del videotutorial** como pueden ser el desarrollo de un guion, tener abierto el programa a través del cual se va a realizar el videotutorial, el micrófono si hiciese falta, etc.

## Título

El título debe ser **muy claro y que haga referencia al contenido del videotutorial,** para que el alumno elija si quiere o no verlo.

**NOTA**

Desde el título es también probable que se sepa el programa que se va a utilizar y su forma de utilizarlo.

## Objetivos

Se establecerá **qué se quiere conseguir** con la visualización por parte del alumnado de este videotutorial. Se desarrollará de forma breve y concisa.

## Contenidos

Los contenidos son la parte más delicada e importante de toda la formación; sin ellos no existiría. Por eso, a la hora de diseñarlos, es imprescindible tener en cuenta dos acciones: estructurarlos y secuenciarlos.

Con la estructura nos referimos al sentido didáctico y a la coherencia que tenga la forma en que se van a presentar los materiales. Habrá que hacer particiones correctas y equilibradas, que no dejen ningún cabo suelto, y que entre todas ellas consigan que el estudiante tenga un concepto global de aquello que se quería transmitir.

Respecto a la secuencia, no podemos olvidar que hay que partir de los conceptos más generales para, a continuación, ir concretándolos en información más precisa.

#### Conclusiones

Al concluir **se debe dejar muy claro lo que se ha pretendido** con el videotutorial, así como incluso dejar datos sobre quién ha realizado el videotutorial, dirección de *e-mail*, etc.

#### Revisión

**Antes de darlo por finalizado,** se realizará una **revisión técnica y pedagógica,** comprobando que todo funciona correctamente a nivel técnico y cumple con los objetivos de aprendizaje planteados. Si es necesario se realizarán todos los ajustes y las correcciones oportunas para que el videotutorial sea lo más conciso y práctico posible para el alumnado.

### 6.2. Herramientas informáticas para la elaboración de videotutoriales

#### HILO CONDUCTOR

Una vez que Roberto y Julia se han planteado qué contenido van a incluir en el videotutorial y han elaborado el guion del mismo, ahora sí, tienen que decidir qué herramienta informática utilizarán para hacerlo.

Una vez que están claros los pasos fundamentales para la elaboración de un videotutorial, debe seleccionarse la herramienta más adecuada para realizarlo, ¿conoces alguna de las herramientas disponibles para ello?

Existen multitud de **herramientas y programas** a través de las cuales se pueden realizar videotutoriales, que tienen diferentes **funcionalidades,** por lo cual su elección dependerá de las necesidades y resultado que se quiera obtener. Entre ellas se encuentran:

| **Herramienta** | **Vídeo** | **Audio** | **Otros elementos** | **Formato de salida** | **Gratuito** |
|---|---|---|---|---|---|
| CamStudio | SÍ | SÍ | Textos y formas, de forma básica, efectos básicos. | AVI, SWF (mediante conversión) | SÍ |
| ScreenCorder | SÍ | SÍ | Textos, flechas, bocadillos, lupas, imágenes, vídeos de la webcam, efecto clic de ratón, creación de cuestionarios. | WMV, SWF, FLV, AVI | NO |
| Camtasia | SÍ | SÍ | Textos, subtítulos, flechas, recuadros, difuminados, formas personalizadas, efectos, transiciones, creación de cuestionarios. | SWF, FLV, MOV, AVI, M4V (iPod), MP3, RM, CAM, GIF | NO |
| Adobe captivate | SÍ | SÍ | Leyenda de texto, leyenda dinámica, botón, imágenes, textos, vídeos, minidiapositiva, subtítulos opcionales, efectos, transiciones, creación de cuestionarios. | Proyecto a Flash CS3 y Flash 8, vídeo a SWF, y EXE | NO |
| Jing | SÍ | SÍ | NO | SWF | SÍ |

## ACTIVIDAD COMPLEMENTARIA

17. Analiza cada una de las herramientas que se han presentado para la elaboración de videotutoriales. ¿Cuál de ellas te parece más completa y por qué motivo? ¿Conoces alguna otra herramienta para su elaboración?

### TAREA 11

Selecciona una temática para la que consideres adecuado el uso de videotutoriales y diseña los pasos y el guion para la realización del videotutorial. ¿Qué funciones desempeñarás, como tutor, durante el diseño y elaboración del mismo?

Tras la planificación y diseño deberás elaborar el videotutorial.

## 7. Criterios de coordinación con tutores y jefatura de estudios

### HILO CONDUCTOR

Los tutores ya tienen preparado el contenido, recursos ¡incluidos los videotutoriales!, actividades y guías que va a incluir en su curso.

Con todo preparado, ya solo les queda poner en marcha todo lo planificado, incluido el plan de acción tutorial, en el que han trabajado conjuntamente con todo el equipo docente y pedagógico del centro.

Son numerosas las **funciones del tutor,** pero entre las más significativas destacan:

- Participación activa en el plan de acción tutorial para cada curso específico de Formación Profesional.
- Elaboración y desarrollo de actividades de aprendizaje de acuerdo a las características del alumnado y los objetivos educativos planteados.
- Orientación pedagógica y seguimiento formativo del alumnado para la consecución de los objetivos establecidos en el curso y su posterior desempeño de una labor profesional.
- Seguimiento de la participación del alumnado en el desarrollo del curso *online* mediante el cumplimiento temporal de las tutorías, las actividades y la visualización de los contenidos, así como en el desarrollo y la utilización de la plataforma didáctica.

- Coordinación con la jefatura de estudios para garantizar el total desarrollo del plan de acción tutorial propuesto para cada curso.

**NOTA**

Los **tutores-formadores** que impartan formación en la modalidad *online* o virtual, deberán contar con **formación o experiencia acreditadas** en esta modalidad. En el caso de formación vinculada a certificados profesionales además deberán cumplir las prescripciones específicas que se establecen para cada certificado profesional.

## 7.1. Elaboración del Plan Tutorial

La colaboración que se debe llevar a cabo debe establecerse desde el principio, formando un grupo de trabajo colaborativo por parte del profesorado y, para que el trabajo se desarrolle de forma eficiente, la elaboración del plan de acción tutorial (PAT) debe pasar por diferentes **etapas:**

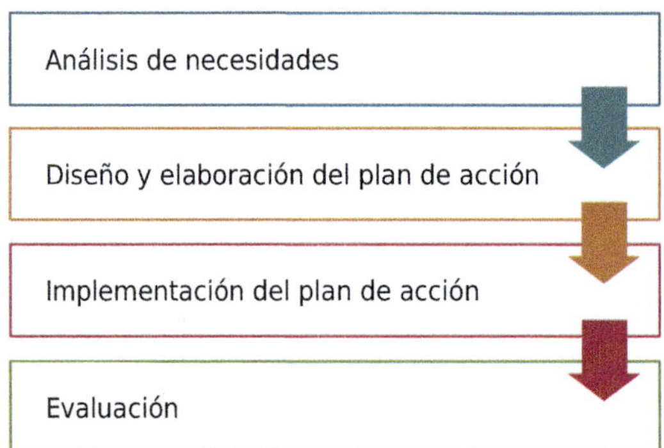


### Análisis de necesidades

En esta primera fase hay que **analizar las necesidades existentes y condiciones de partida** para poder adaptar el proceso a las mismas. Las acciones a llevar a cabo serán las siguientes:

- **Recogida de información** sobre las características de los participantes y de la acción formativa.
- **Análisis** de la información recopilada.
- **Contrastación** de la realidad con los objetivos iniciales planteados.
- **Establecimiento y priorización de necesidades.**

## Diseño y elaboración del plan de acción

La siguiente fase consiste en la **elaboración del plan de acción en sí,** dejándolo preparado para su implantación. Durante la misma se llevan a cabo las siguientes tareas:

- Definición de objetivos, acciones a llevar a cabo, metodologías y criterios de evaluación.
- Asignación de tiempos y recursos a utilizar.
- Puesta en común del plan de acción, y consenso para su aprobación.

**NOTA**

La planificación permite dar coherencia al proceso formativo, conectar la teoría con la práctica y no desviarse de los objetivos perseguidos.

## Implementación del plan de acción

Durante esta fase se **lleva a cabo el plan establecido,** del siguiente modo:

- **Desarrollo de las diferentes acciones y propuestas,** siguiendo las pautas establecidas.
- **Revisión y análisis** de la puesta en marcha.
- **Realización de modificaciones y adaptaciones** ante las nuevas necesidades detectadas, en consenso con el alumnado.Tanto en su desarrollo como en la implementación del plan tutorial es importante que exista una coherencia metodológica y pedagógica, para lo cual tutor y jefatura de estudios deben trabajar de forma coordinada.

## Evaluación

En el Plan de Acción Tutorial deben quedar reflejados **todos los aspectos y criterios de evaluación** que servirán al personal docente para realizar una evaluación continua del alumnado y el proceso formativo.

Durante esta labor de evaluación continua deben seguirse un conjunto de criterios de coordinación que deben llevarse a cabo conjuntamente, tanto por el tutor como por la jefatura de estudios, entre los cuales destacan:

- **Organizar y tutelar las evaluaciones realizadas** al grupo que curse Formación Profesional con modalidad *online*.
- **Informar al resto del equipo educativo del seguimiento** exhaustivo que se le está realizando al alumnado, así como del éxito o el fracaso de la realización de actividades por parte del alumnado y su proceso evaluativo.
  Además, tras finalizar la acción formativa, es necesario realizar una **evaluación de calidad del proceso,** que permita conocer cómo se ha desarrollado el plan de acción, satisfacción de los agentes implicados, registro de incidencias, etc., con el fin de establecer posibles mejoras.

Para ello, se realizarán:

| Cuestionarios de evaluación de calidad, por parte del alumnado. | Informes de la acción formativa por parte del tutor. |
|---|---|

## TAREA 12

En un curso sobre "Cómo actuar ante la violencia de género", Manuel, el tutor del curso debe diseñar el Plan de Acción tutorial.

El alumnado del curso está compuesto por los miembros de una asociación, entre los cuales hay personas víctimas de violencia de género.

¿Cómo diseñarías el Plan de Acción Tutorial en este caso?

*Continúa en página siguiente >>*

<< Viene de página anterior

¿Qué acciones llevarías a cabo en cada una de las fases y qué elementos o apartados incluirías en la redacción del documento elaborado?

# 8. Resumen

La **Formación Profesional** en modalidad *online* o virtual ha supuesto en los últimos tiempos un cambio muy significativo en la sociedad del conocimiento, permitiendo a todos los individuos el acceso a dicha formación, independientemente de cuál sea su situación personal o profesional.

A su vez, dicho desarrollo de la Formación Profesional ha influido notablemente en la **formación del profesorado,** experto en una materia o área, el cual se ha visto obligado a reciclar sus conocimientos y adaptarlos a la utilización de las nuevas tecnologías para que el alumnado que participe en los cursos de FP alcance los objetivos previamente establecidos.

Estos objetivos, así como toda la información relativa a la acción formativa, quedarán reflejados en la **guía didáctica del alumnado.**

Con la adopción de la oferta formativa *online,* el docente también ha visto modificadas sus funciones, desempeñando principalmente en esta modalidad:

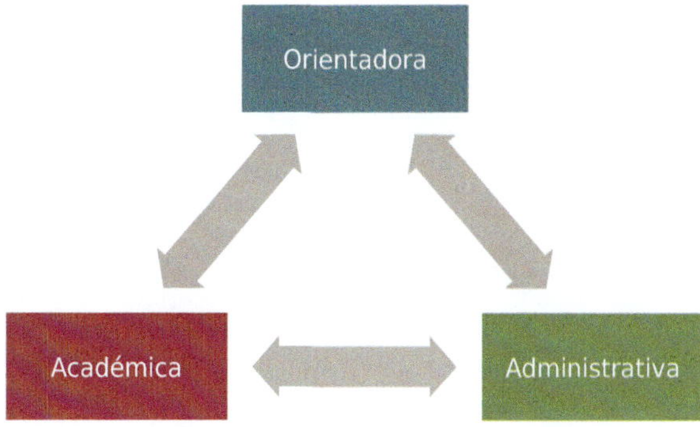


En la formación *online* es necesario destacar la importancia de la **labor administrativa del tutor,** así como su continua colaboración y coordinación con la jefatura de estudios.

Dentro de esta función llevará a cabo las siguientes tareas:

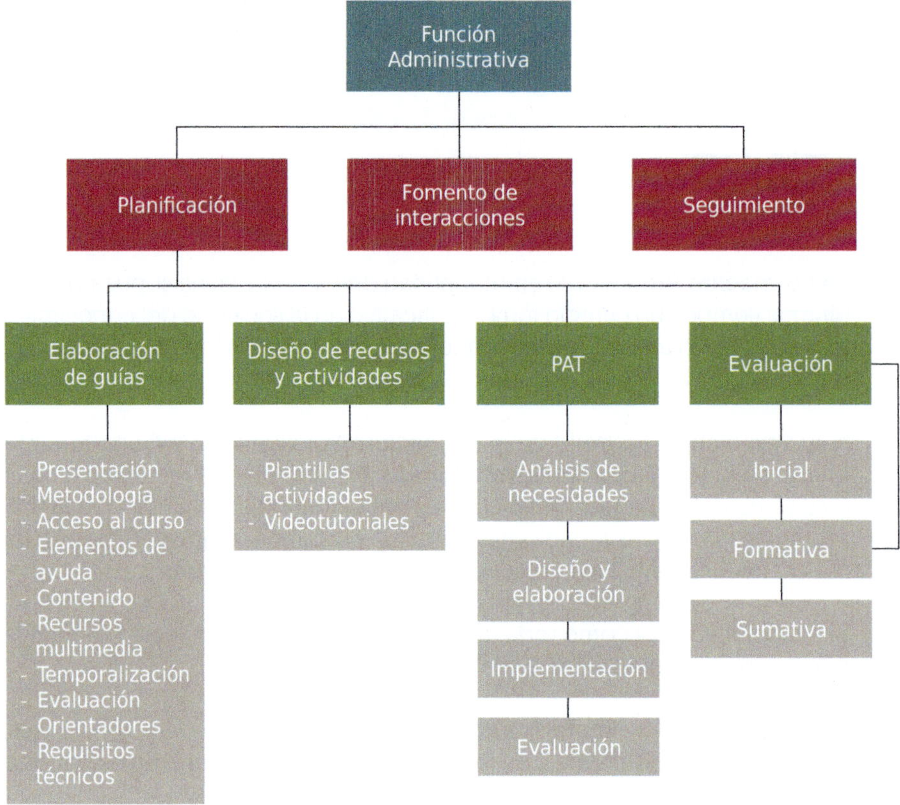

# Ejercicios de autoevaluación Unidad de Aprendizaje 3

**1. Completa la siguiente oración.**

El Real Decreto 659/2023, de 18 de julio, por el que se desarrolla la ordenación del Sistema de Formación Profesional, establece de acuerdo a la Ley Orgánica 3/2022, de 31 de marzo, de ordenación e integración de la Formación Profesional la urgencia de transformar el enfoque de la ______________ para satisfacer las demandas cambiantes de la sociedad a lo largo de toda la _____________ de los individuos, así como las exigencias del ___________, es crucial.

**2. ¿Qué carácter comunicativo tienen las aulas virtuales, si tenemos en cuenta los términos establecidos en el R. D. 659/2023?**

a. Carácter formativo.
b. Carácter asincrónico.
c. Carácter síncrono.
d. Carácter telemático.

**3. Ordena los pasos a seguir en la realización y la elaboración de la guía del curso de Formación Profesional, dirigida al alumnado.**

__ Servicio de atención al usuario.
__ Requisitos técnicos.
__ Funcionamiento de la acción formativa.
__ Efectos de la evaluación positiva.
__ Objetivos.
__ Perfil del alumnado.
__ Sistema de evaluación del aprendizaje.
__ Datos de la acción formativa.
__ Plan de trabajo y orientaciones para su desarrollo.
__ Presentación.
__ Organización general de la acción formativa.
__ Sistema tutorial.

**4. Relaciona las tareas que debe desempeñar el tutor *online* conforme a sus responsabilidades administrativas: planificación, fomento de las relaciones interpersonales y seguimiento del alumnado.**

a. Ayudar en las dificultades que presente el alumnado.
b. Conocer al alumnado.
c. Fomentar la participación del alumnado.
d. Fomentar las relaciones del alumnado mediante recursos tecnológicos.
e. Supervisar a los alumnos que participan poco.

_ Seguimiento del alumnado.
_ Planificación.
_ Fomento de relaciones interpersonales.

**5. De las siguientes afirmaciones, indica cuál es verdadera o falsa.**

a. La evaluación inicial es la realizada al final de la acción formativa, con el objetivo de obtener información sobre el nivel educativo y los conocimientos que poseen los alumnos en relación al curso al que están inscritos.

- Verdadero
- Falso

b. Las calificaciones son el resultado de una evaluación final por parte del tutor con respecto a los avances y los progresos establecidos por el alumnado.

- Verdadero
- Falso

c. La evaluación procesual o formativa es aquella que se desarrolla a lo largo de todo el curso y cuya función es recoger información sobre los logros o las dificultades establecidas por el alumnado para realizar las oportunas modificaciones por parte del tutor y llevar a cabo con éxito el alumnado la acción formativa.

- Verdadero
- Falso

d. La Formación Profesional en la modalidad *online* no ha supuesto ningún replanteamiento en las funciones y los roles del tutor, que generalmente venía realizando en la formación presencial.

- Verdadero
- Falso

e. La evaluación sumativa es la evaluación realizada al principio de la acción formativa para garantizar si se han cumplido los objetivos o no por parte del alumnado.

- Verdadero
- Falso

**6. ¿Cuáles son las principales funciones y tareas que el tutor debe desempeñar en su responsabilidad administrativa? Explícalas.**

______________________________________________
______________________________________________
______________________________________________
______________________________________________
______________________________________________
______________________________________________
______________________________________________

**7. Define en qué consiste la evaluación y cuáles son sus principales partes.**

______________________________________________
______________________________________________
______________________________________________
______________________________________________
______________________________________________
______________________________________________
______________________________________________

**8. Define los siguientes conceptos y explica la relación existente entre ellos: actividad de aprendizaje, evaluación y calificación.**

______________________________________________________________
______________________________________________________________
______________________________________________________________
______________________________________________________________
______________________________________________________________
______________________________________________________________
______________________________________________________________

**9. Identifica qué afirmaciones hacen referencia a los requisitos de las empresas formadoras, a la hora de impartir FP.**

a. El mínimo de horas de formación de certificados de profesionalidad, en un mes natural, es de 50 h.
b. Si la jornada del tutor/formador es de 40 h semanales, la ratio máxima será de 70 estudiantes.
c. Si el tutor/formador posee una jornada menor a 40 h semanales, la ratio se ajustará proporcionalmente. Para ello, se considerará una equivalencia de 10 h semanales de trabajo por cada 30 alumnos, sin incluir las tutorías presenciales.
d. En caso de que la formación se lleve a cabo, en más del 50 % de su duración, mediante aula virtual, la ratio tutor-alumno será de 30 estudiantes como máximo.

**10. ¿Cuál es la función de gran relevancia del tutor, la cual debe garantizar el éxito de un curso desarrollado con la modalidad *online*?**

a. Coordinar junto con el director de cada curso *online* la puesta en práctica del plan de acción tutorial, así como ser responsables de su ejecución.
b. Coordinar junto con la jefatura de estudios de cada curso *online* la puesta en práctica del plan de acción tutorial, así como ser responsables de su ejecución.
c. Coordinar junto con los alumnos de cada curso *online* la puesta en práctica del plan de acción tutorial, así como ser responsables de su ejecución.

11. ¿Para qué sirve la elaboración de una guía didáctica del alumnado que se ha inscrito en un curso de Formación Profesional?

_______________________________________________
_______________________________________________
_______________________________________________
_______________________________________________
_______________________________________________
_______________________________________________
_______________________________________________

# Glosario

**Aula virtual**

Punto de encuentro que pone en relación a todos los participantes en los procesos de enseñanza-aprendizaje, permitiendo la transmisión de la información y la realización de actividades, además de proporcionar la interacción mutua entre todos los integrantes sin limitaciones de espacio y tiempo.

**Aprendizaje autónomo**

Proceso de enseñanza-aprendizaje por parte de la propia persona. Es decir, es el alumnado el que aprende por sí mismo, puesto que posee todo el control en la organización de su trabajo, la búsqueda de información y recursos necesarios, el establecimiento de un horario, la evaluación de su progreso, etc.

**Calificación**

Descripción simbólica o descriptiva numéricamente del resultado de la evaluación de las actividades de aprendizaje.

**Certificado Profesional**

Instrumento de acreditación, en el ámbito de la Administración laboral, de las cualificaciones profesionales del Catálogo Nacional de Estándares de Competencias Profesionales.

**Competencia clave**

Aquellas competencias que toda persona precisa para su realización y desarrollo personales, así como la ciudadanía activa, la inclusión social y el empleo.

**Comunicación**

Acto o proceso por el cual un individuo mantiene con otra persona un contacto para poder transmitirle información.

### Comunidad educativa

Estudiantes, familias y resto de profesionales educativos de un centro, que intervienen directa o indirectamente en el proceso educativo.

### Comunidad virtual

Grupo creado en torno a un interés común, que promueven la interacción, el intercambio de conocimiento y el trabajo en grupo, adquiriendo un verdadero compromiso e interés por la materia o campo profesional. Se caracteriza por interactuar mediante redes y herramientas de comunicación *online*.

### Cronograma

Esquema o lista donde se distribuye temporalmente y de forma sencilla el conjunto de elementos que participan en el curso formativo, siguiendo un orden lógico desde principio a fin.

### Cuestionario

Instrumento de seguimiento y evaluación consistente en un conjunto de preguntas establecidas en un orden concreto con la finalidad de obtener información por la persona que las realiza.

### Entrevista

Proceso de comunicación interpersonal entre dos sujetos (entrevistador y entrevistado) con el objetivo de obtener información del entrevistado mediante la realización de numerosas preguntas.

### Estilos de aprendizaje

Rasgos cognitivos, afectivos y fisiológicos que sirven como indicadores relativamente estables de cómo los discentes perciben, interaccionan y responden a sus ambientes de aprendizaje.

### Estilos de tutoría

Forma en la que el docente lleva a cabo el proceso de orientación y acompañamiento del alumnado, a través de diferentes medios.

### Estrategias tutoriales

Conjunto de actuaciones concretas, planificadas, que servirán como guía para la acción docente durante el desarrollo de las sesiones formativas.

### Evaluación

Proceso sistemático de recogida de información por el que el tutor, al examinar las actividades realizadas por el alumnado, debe determinar un juicio de valor que garantice la consecución de los objetivos establecidos previamente.

### Formación
Adquisición por parte del alumno de unos determinados conocimientos y habilidades, en el contexto donde se ubique, para obtener como finalidad el progreso académico, la inserción laboral y su promoción, así como el reciclaje de los conocimientos de una persona que se encuentra activa laboralmente.

### Formación semipresencial
Hace referencia a la formación que une la forma presencial con la modalidad virtual *(online).*

### Formación virtual
Formación educativa, también denominada *online,* que se caracteriza por ser un proceso de enseñanza o aprendizaje electrónico.

### Formación presencial
Modalidad educativa que se caracteriza por la presencia física del docente y en el alumnado en un mismo espacio y tiempo.

### Foros de discusión
Herramientas asíncronas que permiten al alumnado debatir un tema expuesto por el tutor o por otro compañero, estableciéndose la comunicación en tiempo diferido.

### Guía del curso
Documento donde se recogen todos los contenidos e información relativa a la acción formativa en particular, y sirve de apoyo al alumnado para la realización de la misma.

### Habilidades tutoriales
Técnicas o conductas determinadas que debe poseer el docente para el correcto desempeño de su labor.

### Herramientas de comunicación asíncronas
Herramientas que permiten la comunicación de varias personas, de forma *online,* las veinticuatro horas del día desde cualquier lugar del mundo.

### Herramientas de comunicación síncronas
Herramientas que permiten que dos o más personas establezcan una comunicación inmediata y en tiempo real. Para ello, dichos miembros tienen que estar interconectados simultáneamente.

**Hojas de observación**
Instrumento de evaluación, también denominado fichas de observación, en las cuales se recogen, mediante una observación sistemática, todos los datos específicos que se han realizado en una tarea.

**Intermediarios**
Entidades o sujetos que mantienen una relación estrecha entre el demandante y la oferta de trabajo.

**Lista de cotejo**
Instrumento utilizado para la evaluación de las conductas, las habilidades y los contenidos adquiridos por el alumnado en su proceso de formación.

**Matrices de responsabilidad**
Instrumento de seguimiento utilizado para relacionar las actividades planteadas en un curso con los componentes del mismo, para que todos participen llegando a la consecución de los objetivos del curso.

**Mercado de trabajo**
Lugar en el que se desarrolla la interacción mutua entre la oferta y la demanda de empleo.

**Metodología educativa**
Procedimientos didácticos que se seguirán para la consecución de los objetivos propuestos.

**Microenseñanza**
Simplificar la complejidad normal del proceso de enseñanza-aprendizaje bajo diferentes factores que son susceptibles de ser entrenados.

**Modalidades de formación**
Mecanismo o medio empleado para la consecución de la formación.

**Módulo formativo**
Bloque coherente de formación asociado a cada una de las unidades de competencia que configuran la cualificación acreditada mediante el certificado profesional.

**Nuevos yacimientos de empleo**
Término que define los nuevos puestos de trabajo que surgen en un sector de actividad determinado debido a las nuevas necesidades que solicita la sociedad y que apareció en el Libro Blanco Crecimiento, competitividad y empleo. Retos y pistas para entrar en el siglo XXI.

### Orientación
Proceso educativo que se realiza a lo largo de toda la vida, ya sea por parte del profesor, tutor, padres, compañeros, etc., cuya finalidad es dotar a la persona de determinadas capacidades, actitudes, conocimientos y experiencias, posibilitando con ello su toma de decisiones sobre su futuro de forma autónoma y responsable.

### Orientación ocupacional
Proceso en el que el orientador o formador tendrá como finalidad, tras los estudios y los análisis realizados al alumnado, buscar la ocupación que más se ajuste con dicha persona, fomentando con ello el empleo en un momento determinado.

### Orientación profesional
Proceso en el que el orientador o formador tiene como principal misión contribuir en la mejora de la cualificación profesional del alumnado, permitiendo con ello su incorporación en el mercado laboral o, por otro lado, su desarrollo progresivo en la ocupación que desempeña.

### Plataforma
Herramienta informática cuya labor es mostrar u ofrecer de forma interactiva un conjunto de contenidos, programas o herramientas informáticas mediante la utilización de una red de internet.

### Patrón o plantilla
Documento en el que se establece un orden lógico de los elementos y materiales que se van a presentar en el diseño de la acción formativa, así como sus características. Se deben definir en la misma los colores, elementos de navegación, distribución de las unidades didácticas y de las páginas, que deben ser iguales a lo largo de todo el curso, habiendo homogeneidad.

### Plan de Acción Tutorial
Instrumento que sirve de orientación al docente, en el que se establecen las líneas de actuación y pautas para la gestión y planificación de la tutoría, especificándose todas las acciones y procesos que han de llevarse a cabo durante el desarrollo de la acción formativa.

### Ratio tutor-alumno
Número máximo de estudiantes que puede abarcar un tutor con su acción formativa y tutorial.

### Registro de incidencias
Instrumento de seguimiento consistente en la búsqueda y la anotación de anomalías que puedan ocurrir en una tarea determinada.

### Seguimiento

Proceso de supervisión constante por parte del docente de la labor que lleva a cabo el alumnado durante el desarrollo de la acción formativa.

### Técnicas de búsqueda de empleo

Conjunto de procedimientos, herramientas y estrategias que, de forma organizada, permiten a la persona aumentar el porcentaje de encontrar un empleo.

### Teleformación

Sistema a través del cual se imparte la formación a distancia mediante la utilización de TIC como pueden ser: materiales multimedia, televisión, videoconferencias, etc. Todo ello combinado con numerosos recursos pedagógicos como: formación clásica presencial o de autoestudio, formas de comunicación y contacto en tiempo real como chats y videoconferencias y contactos diferidos como foros o *e-mails*.

### Temporalización

Proceso que consiste en establecer la duración de un plan formativo, desarrollando y acotando la duración de cada una de las acciones. La mejor forma de representar la temporalización de las acciones formativas es mediante la elaboración de cronogramas.

### Tutoría

Orientación llevada a cabo por el tutor del alumno, así como por sus profesores, con el objetivo de conseguir una formación integral del alumno en todos los aspectos de su vida (afectivo, social, cognitivo, etc.).

### Tutoría virtual

Actividad *online* en la que se cuenta con la capacidad de recibir, presentar, procesar y gestionar la información mucho más rápidamente que cualquier otro medio.

### Tutoría presencial

Actividad de ayuda, orientación, apoyo y consejo del tutor hacia el alumnado. Requiere una interacción directa y presencial, es decir, cara a cara, dando lugar a una relación más fluida en la que destacan los procesos de comunicación verbal (entonación, tono de voz, pronunciación, etc.) y no verbal (gestos, posturas, miradas, etc.).

### Unidad de Competencia

Agrupación de tareas productivas específicas que realiza el profesional. Son el agregado mínimo de competencias profesionales que pueden ser reconocidas y acreditadas.

### Videotutorial

Sistema instructivo de autoaprendizaje basado en la utilización de las nuevas tecnologías que permite captar, grabar, procesar, almacenar, transmitir y reconstruir mediante recursos electrónicos una secuencia de imágenes explicativas para que el alumno, mediante el seguimiento de dichas imágenes y explicaciones, pueda desempeñar una determinada actividad.

# Bibliografía

## Monografías


- ARTIGOT Ramos, M.: *La tutoría.* Madrid: CSIC, 1973.

  En este manual se intenta dar respuesta al papel que desempeña el tutor en el sistema educativo.

- CALVO Verdú, M.: *Formador ocupacional, formación profesional ocupacional.* Temario, test y casos prácticos. Sevilla: MAD, 2011.

  Manual práctico de gran utilidad para determinar las características y estructura de una organización, así como el dispositivo de formación y definir el plan de acción formativa de la misma.

- GARCÍA Aretio, L.: *Bases, mediaciones y futuro de la educación a distancia en la sociedad digital.* Madrid: Editorial Síntesis, 2014.

  En esta obra se analizan las bases teóricas, los recursos y herramientas, los métodos, las tecnologías y el futuro de la educación a distancia en el contexto de la sociedad digital. En este sentido, se reflexiona sobre las nuevas formas de aprender y de enseñar que la sociedad requiere, donde juega un papel muy importante la comunicación, así como sobre las nuevas tendencias tecnológicas y metodológicas que están irrumpiendo con fuerza.

- GONZÁLEZ Acedo, J. C. y PÉREZ Aroca, R.: *Formación y orientación laboral.* Madrid: Editorial Paraninfo, 2015.

  Este manual realiza un recorrido sobre los itinerarios de formación profesional, aportando técnicas y habilidades para la búsqueda activa de empleo y las relaciones y habilidades sociales en el trabajo.

- GROS, B.; MAS, X. (coords.): *La comunicación en los espacios virtuales: Enfoques y experiencias de formación en línea.* Barcelona: Editorial UOC, 2014.

  En este libro, varios docentes y expertos del ámbito de la formación en línea describen sus experiencias, visiones y reflexiones en torno a la comunicación en los espacios virtuales.

→ KIRKPATRICK, D.: *Evaluación de acciones formativas. Los cuatro niveles.* Barcelona: Ed. Gestión, 2000.

Se trata del modelo más utilizado para evaluar las acciones formativas en la empresa, la administración pública y el mundo académico. El autor ofrece principios y directrices a seguir con numerosos ejemplos representativos de cada paso del proceso.

→ LÓPEZ-BARAJAS Zayas, E.: *Formación de formadores. Planificación: diseño y evaluación de proyectos y programas.* Madrid: UNED, 1995.

El desarrollo de la formación se presenta como objeto clave de la cultura de la Empresa. La organización se orienta hacia la formación de formadores para la innovación en la época actual como factor que fundamenta la competencia, el valor añadido, supervivencia y el progreso.

→ SÁNCHEZ Jiménez, J. J.: *Desarrollo del aprendizaje y de la acción tutorial.* Málaga: EDIPED, 2009.

Este manual trata sobre la acción tutorial como impulsora de la relación entre el profesorado, el alumnado y las familias para favorecer un clima de convivencia participativo que ayude en la mejora del proceso de enseñanza y aprendizaje de todos los alumnos.

→ SILVA, M.: *Educación interactiva: enseñanza y aprendizaje presencial y on-line.* Barcelona: Gedisa, 2005.

El desarrollo de este libro se centra en la incorporación de las tecnologías en el que hacer educativo.

→ SOLÉ, I. y MARTÍN, E.: *Orientación educativa. Modelos y estrategias de intervención.* Ministerio de Educación. Barcelona: Editorial Graó, 2011.

En esta obra se abarcan los distintos modelos de orientación y asesoramiento, la importancia de la coordinación interdisciplinar de los profesionales educativos, cómo se interviene y evalúa o los aspectos más importantes de la orientación en las distintas etapas educativas, entre otros.

→ TRAINING CLUB: *Organización y seguimiento de la formación.* Barcelona: Gestión 2000-EPISE, 2002.

El objetivo de este libro es mostrar al lector una visión general sobre la organización de los recursos formativos y el seguimiento de los participantes en la gestión y administración de las acciones formativas, garantizando que se dispone de los recursos necesarios.

→ VV. AA.: *Desafíos de la investigación y la innovación educativa ante la sociedad inclusiva.* Barcelona: ESIC, 2021.

Obra que abarca los distintos frentes abiertos en la sociedad actual para conseguir que, desde todas sus ópticas, ya sea educativa, puramente social, cultural e incluso económica, se aborden y pongan en marcha las medidas más esenciales de inclusión.

Para ello, se hace especial hincapié en el ámbito educativo como base del cambio social, aportando distintas visiones teóricas y prácticas.

## Textos electrónicos, bases de datos y programas informáticos

→ CASTILLO Maza, J. V. [et al.]: Las interacciones de los estudiantes en entornos virtuales de aprendizaje: herramientas informáticas para su seguimiento y dirección. [En línea]. Gestión en el Tercer Milenio, 2014, vol. 13, no 25, p. 83-92, de: <http://revistasinvestigacion.unmsm.edu.pe/index.php/administrativas/article/view/8881>.

Este trabajo tiene como objetivo ofrecer un instrumento y una herramienta para realizar el análisis del contenido de las interacciones y la actuación de los estudiantes. La aplicación del instrumento y de la herramienta informática facilita al profesor supervisar, guiar y evaluar el proceso de aprendizaje, formación y desarrollo del grupo en el EVA.

→ Confederación de Empresarios de Andalucía, de: <www.cea.es>.

Entre otros, esta página ofrece un amplio conjunto de servicios enfocados hacia la formación y la inserción profesional de los alumnos participantes en sus acciones formativas, mediante la mejora y adaptación de sus cualificaciones profesionales.

→ FANDÓS Igado, M. y CANO Escoriaza, J.: *Formación a distancia y retos actuales en los roles docentes y su vinculación con la empresa: propuesta y controversias.* [En línea]. Edutec. Revista Electrónica de Tecnología Educativa, 2014, no 45, de: < http://www.edutec.es/revista/index.php/edutec-e/article/view/14>.

En este artículo se analizan los roles de los docentes en la formación a distancia y en el contexto de una sociedad en crisis, compleja y cambiante. Se profundiza en el proceso de tutorización y seguimiento individualizado en la formación del alumnado.

→ GARCÍA Matamoros, M. A.: *Uso instruccional del video didáctico.* [En línea]. Revista de investigación, 2014, vol. 38, no 81, p. 43-68, de: <http://dialnet.unirioja.es/servlet/articulo?codigo=4731936>.

Este artículo trata sobre el uso del vídeo de forma didáctica, ofreciendo a los docentes orientación para optimizar su uso, destacando sus potencialidades, las funciones que se pueden desarrollar con dicho medio y los pasos que deben seguir para que el proceso de enseñanza-aprendizaje sea significativo.

- HENNIG Manzuoli, C. y Escofet roig, A.: *Construcción de conocimiento en educación virtual: Nuevos roles, nuevos cambios.* [En línea]. RED-Revista de Educación a Distancia, 2015, vol. 15, no 45, de: <http://www.um.es/ead/red/45/hennig.pdf>.

  Este artículo expone los resultados de un estudio que tuvo como propósito analizar las percepciones de los profesores frente a su rol en entornos digitales de enseñanza-aprendizaje.

- HERRAIZ García, F., MIÑO Puigcercós, R. y PIQUÉ Simon, B.: *Una reflexión en torno a la evaluación para el aprendizaje autónomo: miradas y reflexiones docentes.* [En línea]. Revista del Congrés Internacional de Docència Universitària i Innovació (CIDUI), 2015, no 2, de: <http://www.cidui.org/revistacidui/index.php/cidui/article/view/524>.

  En este artículo se reflexiona en torno a aspectos de la evaluación que favorezcan el aprendizaje autónomo de los estudiantes. En este sentido, se trata de ordenar y cuestionar algunas de las estrategias a la hora de evaluar las experiencias de aprendizaje que actualmente se ponen en práctica.

- LUCHENA Mozo, G. M. y MORENO González, S.: *Metodología docente y evaluación en la formación online o e-Learning: experiencia en la Universidad de Castilla-La Mancha.* [En línea]. Universidad de Alicante. Instituto de Ciencias de la Educación, 2014, de: <http://rua.ua.es/dspace/handle/10045/41964>.

  En este artículo se parte de la premisa de que gran parte de la clave del éxito de los modelos de aprendizaje en entornos *e-Learning* reside en la metodología docente empleada para garantizar un proceso de aprendizaje significativo en el alumno, así como en la correcta evaluación del mismo. En este sentido se aborda la planificación y desarrollo de recursos, materiales, actividades, herramientas e instrumentos de formación, seguimiento y comunicación adecuados al medio utilizado.

- MIRANDA Zabaleta, A. [et al.]: *La contribución de un material educativo digital en la formación virtual corporativa, basado en el aprendizaje autónomo y estilos de aprendizaje.* [En línea]. Tesis Doctoral. Abril, 2015, de: <http://intellectum.unisabana.edu.co/handle/10818/15721>.

  En este estudio se abordan los resultados en la implementación de un material educativo digital, como recurso didáctico para el reconocimiento de buenas prácticas con respecto a la generación de contenidos en el sitio web de la Universidad Nacional Abierta y a Distancia de Colombia. El material se fundamentó en el aprendizaje autónomo y en la identificación de estilos de aprendizaje; y los aportes y contribuciones de estos atributos fueron reportados por los mismos participantes, quienes advirtieron no solo los aprendizajes obtenidos, sino aciertos, experiencias, dificultades y recomendaciones.

→ SILVA Quiroz, J. E. y ASTUDILLO, A.: Formación de tutores: aspecto clave en enseñanza virtual. [En línea]. Didasc@ lia: Didáctica y Educación, 2013, no 1, p. 87-100, de: <http://dialnet.unirioja.es/servlet/articulo?codigo=4233643>.

Este artículo presenta una visión general del rol del tutor en los entornos virtuales de aprendizaje, así como la necesidad de formar a estos profesionales, ya que las competencias de un docente presencial no son suficientes. Se requiere procesos formativos para que los tutores adquieran las competencias necesarias para desempeñar su rol que abarca las áreas técnica, pedagógica, social y administrativa.